銀座のママが教えてくれる

「会話上手」になれる本

伊藤由美

ワニブックス
|PLUS|新書

はじめに

会話はよくキャッチボールにたとえられます。投げる人は、何よりも相手が捕球しやすいボールを投げることが大事です。まったく違う方向に投げれば相手は捕球できませんし、いきなり剛速球を投げつけたらケガをさせてしまうかもしれません。逆にものすごく緩いボールでは相手に届かない可能性もあります。

一方、捕球する人は、相手が投げたボールから目を離さないことが大事になります。「少しくらいコースを外れても大丈夫だよ」という心構えがあれば、少々のコントロールミスがあっても逸らさずに対処できます。

投げる人、捕球する人、両者にこうした相手への気遣いがあれば、技術のあるなしには関係なく、誰もがキャッチボールを楽しむことができるのです。

会話も同じです。会話とは「複数の人がお互いに話したり聞いたりして、話題や時間を共有する」こと。共有してくれる誰かがいて初めて、会話は成立します。そこで求められるのは、キャッチボールと同じ「相手を気遣う気持ち」なのですね。

そう考えれば、楽しい会話や気持ちのいい会話をするのに高度な話術など必要ありません。話す人は聞いている人を、聞く人は話している人を、どれだけ気遣えるか。相手に捕球されないようにぶつけるドッジボールではなく、相手のことを考えて取りやすいところに投げ合うキャッチボールができるか。それがすべてなのです。

会話が弾まない。話が膨らまない。話題が続かない。一生懸命に話しているのに相手が乗って来てくれない。突然の沈黙が怖い——。どれだけＩＴ技術が向上し、どれだけ通信ツールが進化しても、面と向かって話をする「会話」というプリミティブなコミュニケーションになると「自信を持てない」という人は大勢います。

でも「相手を思いやる」という、これもまたプリミティブな気持ちさえ忘れなければ、誰もが会話というキャッチボールを楽しむことができるのですね。

本書では、夜の銀座で「会話」を生業としてきた私の経験を基に、気遣いある会話のヒントをまとめました。みなさまの参考になればうれしく思います。

第３章　もっと会話が楽しくなる、〝粋な〟大人の話し方

第4章 こんなとき、どうしましょう? 会話の「困ったシチュエーション」を切り抜ける

第1章

会話上手は「聞き上手」
――「主役はあなた」で話は弾む

自分が話すより、相手の話を聞く側に回るのが「会話上手」の基本

書店に行ってコミュニケーション関係の棚を見ると、『○○の会話術』『△△の話し方』といったタイトルの書籍がずらりと並んでいます。

それだけ日常会話が弾まないことに不安を覚えている人が多いということでしょう。会話を弾ませる、途切れさせずに会話を続ける、時間を忘れるくらい楽しく会話する――そのためには「話す力」「話すスキル」が必要だと考える人が多いと思います。

でもそれは大いなる勘違いです。気持ちよく**会話を弾ませるために不可欠なのは、むしろ話を「聞く力」**のほうなのです。

確かに、黙っているだけでは会話が成立しない以上、話す力がまったく必要ないとは言いません。しかし、話す人がいてもそれを聞く人がいないのでは、これもま

た会話になりません。

人は誰しも自分のことを話したいもの、自分の話を聞いてほしいものです。自分もそう、相手だってそう。そのとき、お互いが「話したい」という気持ち（願望）だけを前面に押し出して自分の話を始めたらどうなるでしょう。

２人が２人とも話し手になれば、その場はただ話したいことが飛び交うだけで収拾がつかなくなってしまいます。それはもはや会話とは言えません。どちらかが「相手の話を聞く」というスタンスに立つことで初めて、単なる我欲のぶつけ合いは「会話」となります。話す人がいて、その話に「ちゃんと」耳を傾けて聞く人がいることが会話の最低条件なのですね。

誰もが「自分のことを話したい」と思っているところで、率先して「相手のことを聞く」側に回る。そういう人がいてこそ会話は成り立つということです。

そして、そうしたスタンスに立てることこそが、会話を弾ませるために不可欠な「聞く力」の土台なのだと考えます。

自分が話したいから話す。自分のことだけを話す。社会のなかでこれが許されるのは、何を言っても可愛らしい小さな子どもと、自分に好意を持つ男性を前にした女性だけ。

自分の話は後でいい、まずは相手の話を聞こう。自分も話したいけれど、まずは相手の話に耳を傾けよう。聞き上手とは、こうした自制の利いた聞く姿勢を取れる人のことをいうのだと私は思います。

ただ聞くのではなく、きちんと聞く——「聞く」と「聞こえている」は違う

ほとんどの人は「人の話に耳を傾けてしっかり聞くことができている」と思っています。たとえ、口下手で話すことが苦手な人でも「話を聞くことはできる」と思っている人が少なくありません。でも残念ながら、それは思い込みでしかないのが

現実です。

まず気づかなければいけないのは「聞く」のと「聞こえている」のとではまったく意味合いが異なるということです。英語で言えば「listen to」と「hear」とでは違うということ。listen toが「耳を傾けてしっかり聞く」であるのに対して、hearは「耳に入ってくる音（声）をそのまま聞いている＝聞こえている」になります。

「聞こえている」はお店のＢＧＭのように、ただ耳に音が入ってきているだけ。そこには「理解」や「共感」という自発的な行動が伴っていません。

「ちょっと、私の話、聞いてるの！」

「ああ、大きな声を出さなくたって聞こえてるって」

「じゃあ○○のことどう思っているのよ」

「え、何だっけ、その話」

「ぜんぜん聞いてないじゃん――」

先日、都内のカフェで耳にした若いカップルの会話です。まさに「聞こえているけど聞いていない」の典型ですよね。**聞こえているだけでは話を聞いたことになりません。**相手が話しているときは、その話を理解し、共感しようと努めて耳を傾ける。そうでなければ会話になりません。

学生時代、授業で先生の話をボーッと聞いていて、突然指名されたときに答えられず「聞いていませんでした」——そんな経験はありませんか。それもまた「聞こえているけど聞いていない」状態の一例です。

趣味を越えて玄人はだしのバンド活動をされているお客さまがいらっしゃるのですが、バンドのアンサンブルでは「周囲の音をしっかり聞く」姿勢が欠かせないといいます。みんながみんな、出したい音をただ出すだけでは騒音にしかならない、いかに自分以外の音を聞くことができるかが重要なのだと。

楽器の音やボーカルの声は放っておいても耳に入ってくるがゆえに、「耳を傾ける」ことが意外に難しいのだと教えていただきました。会話も人の話のアンサンブルと考えれば、「聞く」ことの重要さは相通じるものがありますね。

相手の話を、他者の話を、「聞く」のか「聞こえる」のか。すべては聞く側の意識と態度の問題です。聞く側に回ったのなら、相手の話には真剣に耳を傾ける。それは会話が上手いとか下手とかいう以前の、人としての礼儀というものです。

聞き上手は「話させ上手」――相手のために「自分のこと」を話す

聞き上手になるには、相手が話をしてくれることが大前提になります。ただ初対面の場合など、お互いに緊張していたり気をつかい合ったりして、なかなか打ち解けた会話にならないこともあります。

仕事相手とオフィシャルな会話はできても、仕事を離れたプライベートな会話となると一気にハードルが高くなってしまうこともあるでしょう。

そんなとき、自然に相手から話を引き出すのに有効な〝話の呼び水〟となるのが、「先に自分のことを話す」という方法です。

相手が思い切って胸の内を打ち明けてくれると、こちらも自分のことを打ち明けやすくなる。相手が心を開いて個人的な話をしてくれたことがうれしくて、それに応えるように自分も話したくなる——人の心理とはそうしたものです。

人は「自分のこと」を打ち明けてくれる人に好意を持つのだとか。「心を開いてくれている」と感じて、親近感が増すのでしょう。

逆に、他者のプライベートな話ばかり聞きたがるけれど、自分のこととなると途端に口をつぐむ人もいます。人のことだけ詮索して自分のことはひた隠すタイプは決して聞き上手とはいえません。むしろ「何を考えているのかわからない」「本音が見えない」という印象になって不信感や不安感、警戒心などを持たれてしまいがちです。

例えば、相手の家族構成を知りたければ、「○○さんは何人兄弟ですか」といきなり聞くよりも、「私は4人兄弟の末っ子なんですよ。男ばかり4人っていうのは大変で――」と、まず自分のことを話すようにします。

そうすることで、相手は「この場ではお互いに『兄弟の話題』かな？」と反応できて、「いや、私は女3人の真ん中で、これはこれで――」と、プライベートなことも明かしやすくなるでしょう。

また、先に自分のことを話すことで、相手が「あの人がプライベートなことを明かしているのだから、こちらも話しても大丈夫」という心理になる、つまり相手の警戒心を解くという効果もあると思います。

ただ注意すべきは、「自分のことばかり話さない」ということです。言ってみれば自分の話は〝前菜〟のようなもの。自分の話だけを聞いてほしいわけではないのです。

適度な距離を保ちつつ相手に心を開き、飾らない素直な自分を〝開示〟する。自分の話を呼び水にして相手の話を引き出す。ここでも会話の主役は、常に相手なのです。

会話のバランスは「相手8：自分2」の黄金比率で

会話が相手主体という考え方はとても大事ですが、とはいえ、相手がひとりでしゃべりまくるだけでは「会話」にはなりません。いくら聞き上手がいいとは言っても、相手の話をただただ聞くだけになると、それはもう会話ではなく〝トークショー〟です。

前項で申し上げたように、相手の話を引き出すために「自分のこと」を率先して話したほうがいいこともあります。相手の話はしっかり聞いたうえで、こちらの話もさせてもらう。このバランスが上手に取れてこそ、お互いが気持ちよい会話になるのです。

そう考えると大人の会話では、会話全体における「相手の話と自分の話の配分比率」に気を配ること、その配分を臨機応変にコントロールすることが大事に思えてきます。

「二者のバランス」とだけ聞くと、均等で偏りがない「5：5」の割合がもっとも理想的に思えますが、会話の場合、そうとも限りません。相手やその場の状況によって割合は変えていく必要があるでしょう。

例えば、自分が相手に伝えたい話や聞いてほしい話があるという「積極的な話題提供」の意識が強い会話では、自分への配分を少し上げ、相手を少し下げて「相手4：自分6」もしくは「相手3：自分7」くらいの割合でもいいと思います。

ただ、その伝えたい話題や情報が「相手にとって価値があるかどうか」を考慮する必要はあるでしょう。相手が「その話、おもしろい」「興味あるから聞かせて」と思う〝価値のあるもの〟なら、「相手3：自分7」でも会話は盛り上がります。

しかし、その話題が相手にとって〝チンプンカンプン〟だったり、まったく興味を引かないことだったり、つまり価値を感じられないものの場合、圧倒的配分でペラペラ話されても場の空気はシラケてしまいます。

こうした「聞かせたい」「聞きたい」のバランスが悪いときは、早めにそれを察知して会話の内容をチェンジしていくほうがいいでしょう。

逆に、こちらに強い話題提供の意識はないけれど何気ない会話で楽しみたいという場合は、自分への配分を控えて、相手の配分を上げる。「相手7：自分3」〜「相手8：自分2」といったところがいい塩梅《あんばい》でしょう。この配分比率がもっとも相手に好印象を与える「聞き上手の黄金比率」と言ってもいいかもしれません。

私たちのような接客の仕事では、「お客さま9：自分1」のときもあります。ほどよくお酒を召し上がったお客さまが楽しくお話をされているときは、その「1」でさえもほとんどが相づちということもよくあります。

そしてちょっとひと息ついて場が少し静かになったときには、こちらの配分を少しだけ上げて、静かになりすぎないようにこちらから話題を提供したり、次の話題を促したり。

こうした会話の配分比率をコントロールすることで場の雰囲気を演出する、それも私たちの仕事の腕の見せどころでもあるのですね。

会話の配分比率は状況によってさまざまではありますが、日常会話の場合にはやはり理想は、「相手８：自分２」の〝黄金比率〟でしょう。

口下手や人見知りだから人との会話が苦手という人も、この黄金比率を意識すればそんなに悩む必要もなくなります。**自分は「２」で、あとは相手に話してもらえばいい**と思えば、かなり気も楽になりませんか。

ペラペラしゃべりたがる人より、相手の話を聞く耳を持っている〝聞き上手〟な人になるほうが、人間関係は間違いなくうまくいきます。

「ながらスマホ」は現代会話における最大のマナー違反⁉

先に例に挙げたカフェでの若いカップルの会話ですが、気になってその様子をチラッと見て「ああ、やっぱり」と思いました。案の定、彼のほうがスマホをいじっていたのです。

「あれでは彼女の話が頭に入ってこなくて当然」だと呆れてしまったものです。

スマホは便利なツールですが、便利すぎるがゆえに、私たちは大事なコミュニケーションの本質を忘れかけているようにも思えます。

スマホがあれば、通常の電話はもちろん、インターネットを通じて海外の人とでも無料でテレビ電話ができる、SNSで見ず知らずの人とも知り合いになれる。写真や動画で遠方の人ともコミュニケーションが取れる――。いいことずくめのようですが、その一方で、目の前にいる人とのリアルな会話の機会が少なくなってきているとは思いませんか。

同じ場所で、同じ空間を共有していながら、お互いがスマホに夢中になっているシーンにどれだけ遭遇したか知れません。カフェのカップルもそうです。面と向かって会話をしているのに、彼のほうがスマホに気を取られて彼女の話を聞いていない。聞こえているとは言うけれど「聞いて」はいない。

誰かと会話をしている最中に、スマホをいじる。現代社会のコミュニケーションにおいて、これほどのマナー違反はないのではないでしょうか。

もし私自身がそれをされたら、「目の前にいる私との会話よりも、スマホのほうが大事で優先しているのかしら」「話を終わらせたいのかしら」「話がつまらないのかしら」などと感じてしまうでしょう。

物理的に考えても、相手の話をしっかり聞きながら、同時進行でスマホをチェックするのはかなり難易度が高いはず。そこまでしてチェックしなければいけない大事なメールやメッセージならば、「申し訳ない、重要な用件でどうしても確認だけしておきたいので」と断りを入れればいいのです。**話の途中でチラチラとスマホを**

のぞき込むことほど相手を興ざめさせることはありません。

以前、ネットでおもしろい記事を見つけました。

アメリカのある大学が「会話をしている最中に携帯電話をチェックすると相手との関係にどんな影響が出るか」を研究した結果、相手は「どうせこちらの話は聞いてくれないだろう」という気持ちになって、親密度が一気に低下してしまったのだとか。基本的な常識で考えれば大きく礼を失していることはわかりますが、学術的な研究でも証明されているのですね。

会話中に頻繁にスマホを見る、いじる、何かをチェックする――こうした行為は、先に申し上げた話を「聞いている」のではなく、「ただ聞こえている」という態度にほかなりません。聞き上手になりたければ会話中のスマホは我慢。気をつけたいですね。

しっかり聞く人はしっかり学べる人

以前、お客さまからお聞きしたのですが、第36代アメリカ大統領リンドン・ジョンソンは、「話している間は何も学ばない」という名言を残し、釈迦は「口が開いているときは何も学ばない」という言葉を残しているそうです。

いずれも「自分が話すよりも他者の話を聞くことのほうが自分自身の学びにつながる」、という意味だと私は解釈しています。

誰かに何かを話すとき、当然ながら話し手のほうはその「何か」を知っていて話しています。

知っていることを改めて誰かに話すという行為も、知識の定着には有効だという話は、脳科学の先生に教えていただきました。ですから話している間も、口を開いているときも、まったく学びがないわけではないと思いますが。

でも、会話では聞き手のほうが、より多くの学びを得られることについては同感です。知らなかった「何か」を知ることができるわけですし、もし知っていたとしても、自分とは違った見方を学べるかもしれません。

例えば、私がシャンパンの専門知識についてのお話をしたとします。私自身は自分が知っている知識をお話しするだけですから、そこに新しい学びはあまりありません。でも、私の話を聞いてくださった方は、それまで知らなかったシャンパンの知識を多少なりとも得ることができます。つまり学びになるということです。

これまでに何冊も書籍を出版させていただきましたが、その際にお世話になった編集者の方々もみなさん「聞くことは学ぶこと」だと、口を揃えておっしゃいます。自分の知らない世界の話を聞いて学び、世に知らしめていく。編集とは「聞く」仕事なのだと。

コミュニケーションにおいて「聞く」より「話す」ことのほうが重視されがちなのは、話すことが能動的で、聞くのは受動的だというイメージが強いからではないでしょうか。

でも私は、会話は自分が話すよりも人のお話を聞くほうがおもしろいし、楽しいし、ためになると思っています。本を読むのも好き、映画を観るのも、音楽を聴くのも好き。それは、自分の知らないことを学べるからです。お客さまをはじめ、周囲の方々との会話も同じなんですね。

どんなに**些細な、何気ない話題でも真剣に聞けば、そこには学びや気づきや喜びや驚きがあるもの**。それをインプットしながら聞くことは決して受動的などではなく、むしろ積極的なコミュニケーションのアクションなのだと思います。

第2章

会話上手は「リアクション上手」

反応があってこそ会話は成り立つ
——ノーリアクションは「会話の既読スルー」

会話はキャッチボール——繰り返しになりますが、これが本書のコンセプトです。当然ですがキャッチボールは、ひとりではできません。相手がいなければできないのです。では、相手がそこにいればできるのかといえば、それもまた違います。どちらか一方がボールを投げても、もう一方がそのボールを捕球して投げ返してくれなければキャッチボールになりません。会話も同じことです。一方が話しかけて、もう一方がそれに応じて初めて会話が成立するのです。相手が何の反応もしてくれなければ、発せられた言葉はただの〝独り言〟になってしまうんですね。

LINEで受信したメッセージを読んだけれど返信（反応）しない「既読スルー」では、そのことが原因でイジメや事件まで起きるほどになっています。

LINEの既読スルーの場合は、忙しくて手が離せないとか、すぐに返信するほど重要な内容ではないなど、返信しない（できない）理由が明確なケースも多く、一概にマナー違反とは言い切れません。

しかし面と向かって話している〝リアルな〟会話となると事情は違ってきます。自分に向かって話しかけてきた相手に対してリアクションしない「聞いているのにスルー」は、明らかなマナー違反です。

さすがに、いい年をした社会人なら話しかけてきた人に何の反応もしない、返事もしないということはあり得ないでしょう（そう信じたい）。そこまでいくと、もはや確固たる悪意のもとで行われる陰湿な〝イジメ〟と変わりませんから。

ただ、何の悪気もないけれどコミュニケーションが不得手ゆえに、何を話しかけられても「ふーん」「そうなの」「へぇ」という生返事ばかりになってしまうという人は少なからずいるでしょう。

そうした**〝反応の薄さ〟は、周囲に「話し甲斐のない人」「会話が続かない人」「つまらない人」という印象を与えてしまいます。**さらにはコミュニケーションの拒絶と受け取られて、「失礼な人」「無礼な人」などとも思われかねません。

たとえ何かの事情（イヤホンで音楽を聴いていた、考え事をしていたなど）で話しかけられたことに気づかなかっただけだとしても、話しかけた側はその瞬間、不快になったり傷ついたりします。

こちらの話を聞いているのか、こちらの話が通じているのか、わからない。何の反応もない相手と話すことほど虚しいものはありません。それほどに人は、コミュニケーションにおける相手のリアクションに敏感なのです。

だからこそ聞こえていたら返事をする。問いかけられたらきちんと答える。幼稚園児や小学生でも知っている当たり前のマナーですが、意外にできていない大人も大勢います。

相手が投げてきたボールは、受け取ってきちんと投げ返すのが人として最低限の礼儀。会話でのノーリアクションは、話を聞いていないのと同じことなのです。

リアクションは〝倍返し〟。一を聞かれて一しか答えない会話は弾まない

「最近、何かおもしろい映画、観た？」――「最近、映画は観てません」――「そう」

「新しい職場はもう慣れた？」――「まあまあです」――「そう」

「毎日暑いねぇ。この猛暑、いつまで続くのかな？」――「わかりません」――「そう」


急ブレーキをかけられて、前につんのめって転びそうな会話だと思いませんか。

私など、思わず「それだけなの！」と突っ込みたくなってしまいます。

聞かれたことしか答えない。聞かれていないことは答えない。そうした会話は味気ないだけでなく、そこでブチッと途切れるように終わってしまいます。キャッチボールで言えば、泥壁にボールを投げつけているようなものでしょう。

気持ちのいい会話ができる人は、何か聞かれたらそれに対する答えを返すだけでなく、そこにもう2つ、3つの〝おまけ〟を付け加えて答えるという〝倍返し〟のリアクションをしています。

「最近、何かおもしろい映画、観た？」

「最近、映画は観ていないんですが、スマホの動画配信サービスに興味があって、加入しようと思ってるんです。動画で映画とか観たりします？」

「『△△動画』に入ってる。映画はもっぱらスマホだからDVDレンタルしなくなったよ」

「僕も『△△動画』、契約しようかな」

「『○×TV』もいいらしい。海外ドラマが充実してるんだって」

「異動になったんだろ？　新しい職場はもう慣れた？」

「まあまあですかね。まったく畑違いの仕事なので勝手がわからず毎日大変です。でも若い人が多くて活気があるから楽しいですよ」

「大変なのが半分、楽しいこと半分って感じか。もう歓迎会はやってもらった？」

「今週の金曜日にみんなで飲みに行くことになってます」

「〇〇部長は酒が強くて有名だから、潰されるなよ」

「じゃあ、ウコン持参で参加しなきゃですね」


「毎日暑いねぇ。この猛暑、いつまで続くのかな？」

「さあ、最近は異常気象ですから、まったく先が読めませんよね。昨日だって群馬では39度を超えたそうですよ」

「うわ、体温より高いじゃないか。たまらんね」

「〇〇さん、外回りのときは水分補給、忘れないでくださいね」

「こりゃ、水分補給手当が欲しいくらいだな」

ほら、聞かれたことへの答えにおまけをプラスするだけで会話はコロコロと転がり、どんどん広がっていくでしょう。ひとつ聞かれたら、何かプラスαして倍の2つ返す。そのプラスαが次の会話につながるフックになります。

何のおまけをつけたらいいかわからないという声もありそうですが、相手の質問にある言葉から連想できることを持ち出すのがいちばん手っ取り早い方法です。

先の例で言えば、「最近、何かおもしろい映画、観た？」という問いかけには「最近」「おもしろいもの」「映画」という3つのキーワードがあります。

ですからたとえ映画を観ていなくても、映画以外に「最近、おもしろいこと」はなかったか、「映画」で思いつく話題はないかを探してみるのです。

最近→スマホ動画をよく見る。映画→動画配信サービスで見ている。これだけでおまけ候補が2つ見つかりました。

問いへの答えにプラスする**おまけのヒントは相手の言葉のなかにあります**。それを見つけて次の会話につなげていけば、会話はどんどん膨らんでいくのです。

ポジティブな相づちは「もっと聞かせて」というメッセージ

決して多弁ではないけれどいっしょにいると会話が弾む、話を聞いてほしくなる――。そんな〝話させ上手〟には共通点があります。

それは、相づちの達人だということ。

相づちとは、「あなたの話をちゃんと聞いていますよ」という意思表示のための基本リアクション。話下手で会話が苦手な人でも、この相づちを活用できれば会話を盛り上げたり、本音を聞き出したりすることができるんですね。

また、「なるほど」なら「同意」の気持ち、「ですよねぇ」なら「共感」の気持ち、「そうなんですか」なら「驚き」の気持ち――というように、会話に反応した相づちひと言だけで、聞き手のさまざまな感情を伝えることもできます。

ここでも注意したいのは、否定や拒絶のニュアンスが伝わってしまう言葉を使わないことです。相づちとは、あくまで相手に気持ちよく、テンポよく話してもらうための「合いの手」のようなもの。「でも、しかし、違う」系のネガティブな相づちは、それが出た途端に会話が止まってしまいます。

私がお店や普段の会話で心がけているのは、次のような「相づちのさしすせそ」です。

さ：さすが
し：信じられない！
す：すごいですね
せ：センスがいいですね
そ：そのとおりです

すべて相手の話を肯定し、ほめ、同意・共感する言葉です。こうした相づちは、相手に「自分の話をきちんと理解してくれた」「共感や称賛をもって受け入れてくれた」という印象を芽生えさせます。それが「もっと話したい」気持ちをより高めてくれるのです。

ポジティブな相づちはすべて、「だから、もっと聞かせてください」という促しのメッセージでもあるのですね。

ただ、同じ肯定や同意でも、ちょっとした言葉遣いの違いで、「感じの悪いネガティブ相づち」になってしまうこともあります。例えば、

「この前、銀座にある○○っていうレストランに行ったんですよ」

「はい、はい、はい、あの人気店ね」

「もういい加減、スマホを機種変しなきゃと思っていて」
「ほう、ほう、ほう、それで」

どちらの相づちも相手の話を肯定し、次を促してはいます。でも、何だかいい加減でおざなりな感じがしませんか。昔からよく「『はい』は1回でいい」というように、同じ肯定でも「はい、はい、はい」と何度も連呼されると、バカにされている印象になってしまうんですね。

さらに、これを相手の話の途中でかぶせるように言ってしまうと、相手には「適当にあしらわれている感」しか伝わりません。これでは気持ちのいい会話どころか、「もう結構」と会話終了になりかねません。

以前、「はいはいはいはいはい」「そりゃそうだそりゃそうだ」「そんなことないそんなことない」と相づちを早口で連呼するボケで人気を博した漫才コンビがいました。あれは「話芸」だからおもしろいのであって、実際の会話でやられたら、誰も話をしてくれないでしょう。

「はい」は1回、よくて2回まで。それ以上同じ言葉を連呼する相づちは、相手をイラつかせたり、気分を害したりする恐れがあるので注意が必要です。

相づちは会話の「潤滑油」。上手に使って滑らかな会話を楽しみたいものです。

話を「促す」のと話を「急かす」は大きく違う

「先週、彼女から『そろそろ両親に会ってほしい』って言われてさぁ――」

「え、そうなんだ。それで？」

「まあ、オレはまだ結婚までは考えてなかったから困っちゃって――」

「で、どうしたの？」

「でも、もう付き合って1年。腹を決めて再来週、彼女の家に行くことにしたよ」

「そうか、いよいよだな」

「それで？」「で？」は、相手が話の続きを話したくなるように、話の先を促すときの相づちです。この相づちをはさむと、「そうなんだよ、実は――」と自然な感じで話の続きにはいりやすくなるんですね。**ポイントは話を急《せ》かさないこと**。一度「それで？」と聞いたら、しばらくは相手が続きを語り始めるのを待ちましょう。

「それで？」「それで？」「で？」「で？」と矢継ぎ早に連発すると、相手は「で、要するに結論は何なの？」と一方的に急かされ、問い詰められているように感じてしまいます。これでは逆に、話そうという気持ちがしぼんでしまうでしょう。

　とくに相談や悩みごとを持ちかけられているようなときは、相手もいろいろ考えながら話しているはず。あまり先を促しすぎると、かえって話しにくくなってしまいます。

　話を「促す」のと話を「急かす」のは似ているようでまったくの別物です。促すとは相手の気持ちを優先しながら背中をやさしく押してあげること、「よかったら、聞かせて」という相手本位の行動です。一方、急かすとは自分の都合で半強制的に話させること、「早く聞かせて」という自分本位の行動でしかありません。

会話の基本は相手の話を聞くことですが、それはあくまで「相手が話したいこと」を聞くという意味です。だから話は促しても、急かさない。自分の「聞きたい」よりも、相手の「話したい」を優先するのが、本当の聞き上手なのです。

カラダの動きでも、話はもっと引き出せる
――ボディ・リアクションの効用

外国人、とくに欧米人の方とお話しするときにいつも思うのは、みなさん表現力がとても豊かだということ。驚いたら大きく目を見張ってのけぞり、納得すれば深く大きくうなずき、恥ずかしければ手で顔を覆い、主張したいことがあれば手を大きく広げてアピールする――。会話のトーンもそうなのですが、やはり日本人と大

きく違うのは、会話に常に「身振り手振り」やジェスチャーが伴っている点です。

歴史のなかで異なる民族との接触が多い民族ほど、ジェスチャーによるコミュニケーションが多いと聞いたことがあります。言葉が通じないから身振り手振りで意思疎通を図るしかなかったということでしょう。日本人が会話のなかで身振り手振りをあまりしないのは、シャイな国民性に加えて、島国で異民族との接触が極端に少なかったという民族的な理由があるのかもしれません。

事の真偽はともかくとして、他者と深くコミュニケーションを取るには、言葉だけより「身体」での表現が伴うほうがより効果的なのは間違いないでしょう。その分、こちらの意図を伝えるための情報が増えるのですから。

身体は口ほどに会話する、ということ。相手の話に対して、言葉だけでなく身体でも反応する。ときには、言葉がなくても、**身体のリアクションだけでこちらの意図がしっかり伝わることも**あります。

先に申し上げたように日本人にはいまだに、会話におけるジェスチャーや身振り手振りが苦手な人が多いようです。何も外国人と同じレベルを追求する必要はありません。まずは基本パターンを覚えて、会話のときに意識して身体を動かすような「体話」を心がけましょう。

相手に気持ちよく話してもらうための身体のリアクション、そのもっとも基本となるのは次の3つでしょう。

①うなずく
②身を乗り出す
③のけぞる

どれもシンプルで簡単なものばかり。というか、誰でも無意識にこうした行動をとっているはずです。でも意識していないがゆえに動きが不明確になり、相手に伝わっていないだけです。だからこそ相手に伝えることを意識して身体を動かすことが大事です。

意識したら逆に動けなくなるという不安もあるでしょう。でも普段、何気なくやっていることを意識してやるだけですから、できないはずがありません。動く、動かないは「慣れ」の問題。実践しているうちに自然に身体がスムーズに反応するようになります。

私も銀座デビュー当初は緊張してしまい、お客さまとの会話では言葉以上に身体が動きませんでした。でも数多くの接客経験を積み重ねることで、少しずつ言葉と身体のリアクションの〝妙〟を身につけてきたのです。

品がなく見えるほど動くのはやりすぎですが、相手が気づかないほどこぢんまりした動きでは意味がありません。「少し大げさかも」と思うくらいがベストです。

①うなずく（確認、共感、納得）――「きちんと話を聞いていています」のサイン

もっともシンプルで、なおかつポジティブなポテンシャルが非常に高い身体のリアクションが「うなずく」という動きです。

首を縦に振るのが同意や共感の「YES」を伝える動作なのは全世界共通。聞き手がうなずくことで話し手は自然に心を開き、「もっと話したい」という意欲も高まります。このことは心理学の実験でも明らかにされているのだとか。

また、「うん、うん」とうなずく行為は、「大丈夫、私はあなたの話を聞いていますよ」という確認のサインでもあります。その気持ちが伝わると、話し手は内なる承認欲求（認めてもらいたい欲求）が満たされ、「話していてもいいんだ」という安心感を覚えます。その結果、気持ちよく話を続けることができるのです。

さらに私がお客さまとの会話で心がけているのは、**うなずきにメリハリをつける**ということ。お客さまのお話には必ず、「ああ、これがいちばん伝えたいところだな」という核心部分があります。それまでは軽めの相づちや普通のうなずきで聞き

ながら、まさにその核心部分にきたときに、より深く、強く、ゆっくりとうなずくんです。

そうすることでお客さまに「そうそう、ここが話の〝肝《きも》〟なんだよ」「由美ママ、大事なところをちゃんとわかっているじゃないか」と感じていただけるんですね。

おもしろいもので、あれこれ言葉を重ねるより、真剣な表情で無言のまま深くうなずくだけのほうが「話を理解している」という説得力が増すこともあるんです。

聞き手がうなずき、それを受けて話し手もうなずく。目を見てうなずきあうだけで、お互いが話の核心を共有できたことが伝わる。これも身体のリアクションだけで通じる心地よいコミュニケーションの完成型のひとつです。

②身を乗り出す（関心、促し）――「もっと聞きたい」のサイン

「その話、もっと聞きたいです」という気持ちをもっとも端的に表す身体のリアクションが「身を乗り出す」という動作です。人は興味や関心があるものに対しては、

心も身体も〝前のめり〟になるものなのですね。

逆に言えば、前のめりの姿勢になることで、話し手に「自分の話に乗ってきてくれた」「関心を示してくれた」という印象を与えることができるということ。そう思ってもらえたらしめたもの。会話は相手のリードで気持ちよく進んでいくことでしょう。

前のめり、身を乗り出すような前傾姿勢はポジティブな心理状態の表れでもあります。極端なことを言えば、**「会話が広がりそうな、ポジティブな場の空気感」とは会話の内容というより、聞く側の姿勢によってつくり出される**ものでもあるのです。

また、聞き手が身を乗り出すことでたかだか数センチとはいえ、物理的にも相手との距離が近くなります。これは話の内容に興味があることに加えて、話し手本人に対しても好意、好感、親近感を持っていることの表れにもなります。彼氏や彼女、憧れの先輩、尊敬する上司など、自分が好きな人の話を聞くとき、人は自然と相手に近づこうとするもの。

身を乗り出すというリアクションは、興味や関心に加えて、好意や親近感を示すサインでもあるのです。

③のけぞる（驚き、感嘆）――「本当ですか！ びっくりしました」のサイン

身体を前に乗り出すのは興味や関心を示す動作になりますが、その逆で身体を後ろにのけぞらせると、それは「驚き」や「感嘆」を表現するサインになります。

ただ、そんなに大げさにのけぞる必要はありません。「え、そうなんですか」「あ、なるほど」というタイミングに合わせて、上半身を少しだけ後ろに傾けるくらいで十分です。このとき「はっ」と息を呑むようにすると自然な感じに。

そのあと身体を戻してから再び身を乗り出し、「それで？」とさらに先を促す。これだけの**ちょっとした動作で、相手の〝話す気〟はぐんと高まります**。小さくても身体のリアクションを交えることで、「自分はその話がおもしろくて引き込まれている」という印象を与えることができます。

話をする側は、心のどこかで「この話、おもしろいかな」「つまらないと思われていないかな」という不安を抱えているもの。それに対して、身体を使って目に見えるように驚きや感嘆のリアクションを示せば、話し手は自分の話に手応えを感じ、その不安も解消されるでしょう。相手を「もっと話して大丈夫」という気持ちにさせる。これもリアクションによる心遣いなのですね。

笑いと笑顔のリアクション。こちらが笑えば会話は楽しくなる

会話を楽しく、ポジティブに盛り上げるためのリアクションとして欠かせないのが、「笑う」という反応です。そんなに上手なジョークなど言えない、ウケる話などできないという人もいるでしょう。でも、それでかまいません。

ここで申し上げているのは、あくまでも「リアクション」です。つまり、相手を笑わせるのではなく、相手の話を聞いたこちらが笑うということ。自分が「笑う」

のはそう難しいことではありませんよね。

ジョークを言うとき、その人は大なり小なり「スベッたらどうしよう」「ウケなかったらカッコ悪い」という不安とリスクを背負っています。そこで、

「何それ、寒っ」

「全っ然、おもしろくない」

「はぁ？」

などと反応されようものなら、一気に失意のどん底に突き落とされてしまうでしょう。

話が本当におもしろければ、爆笑すればいい。でも、たとえ相手のジョークがイマイチでも、シラケて黙り込んだりせずにウケてあげる、笑ってあげる。相手がリスクを冒して投げてきたボールをスルーしない。それは会話における大人の礼儀だと思うのです。


おもしろい話というのは、話し手ではなく聞き手が主導権を持ってつくり出すも

のだと思います。

「アハハ、それ、おもしろい」

「ハハハ、うまいこと言いますね」

聞き手が笑えば、話し手も気分がよくなります。笑いを共有することで、場の空気が軽くなります。笑うというリアクションは、それだけで会話に楽しさという弾みをつけてくれます。ですから、多少ジョークがつまらなくても、笑顔で反応してあげましょう。

ただ、問題は相手が「スベる」リスクを感じていない、自分ではウケると思い込んでいるジョーク――そう、オヤジギャグへの対応です。

優しさからウケたフリをしたら、調子に乗ってつまらないダジャレを連発されたという〝悲劇〟をよく耳にします。

そんなとき、私がよくするリアクションのフレーズをお教えしましょう。それは、

「またですか～（笑）」

「あ、でましたね～（笑）」

「あら、絶好調ですね～（笑）」

「もう～、勘弁してくださいよ（笑）」

といったニュアンスの言葉です。

「おもしろい」とか、「ウケる」とはひと言も言っていません。むしろ「また始まった」というニュアンスのほうが強いでしょう。「絶好調」もその9割方は皮肉でできています。

「勘弁してください」に至っては、その意味合いは「やめてください」と同じ拒絶の言葉です。でもストレートに拒絶していないだけソフトな印象になりますよね。

そしてここでも重要なのは、「（笑）」の部分。気を遣って爆笑する必要はありませんが（相手を調子に乗せるだけ）、軽く笑みを浮かべて言うのがポイントです。

同じ拒絶するにしても真顔や仏頂面でスルーされるより、笑顔があったほうが相手だって悪い気はしないはず。

笑うというリアクション、笑顔での反応は、大人のコミュニケーション、会話の基本です。

会話における身体のリアクションは、ＬＩＮＥのスタンプと同じ

最近スマホデビューしたばかりの私が驚いたのは、ＬＩＮＥなどＳＮＳでのコミュニケーションにおける反応の早さです。とくにお店の女の子たちのような若い人たちの、ＳＮＳでのリアクションの早さ、レスポンスの早さには目を見張るものがあります。メッセージを送信したら即、返信が届き、その返信にまた、即リアクションする。リアルな会話以上にテンポよくやりとりをしているんですね。

そうした光景を見ていて、あることに気づきました。ご存知の方も多いと思いますが、ＬＩＮＥにはスタンプという機能があります。静止画像や動く画像でリアク

ションを代弁してくれるおもしろい機能なのですが、このスタンプが、実は、リアルな会話における身体でのリアクションと同じではないかということです。

相手に身体の動きを見せることで、言葉に出さずともこちらの意図が伝わる。スタンプで意思表示することで、文字のメッセージを打たずして送信する側の意思が伝わる。どちらも言葉ではなく、視覚に訴えて気持ちを伝えるための手段と言えるでしょう。

ソーシャルメディアが普及してコミュニケーション・スタイルが大きく変化したことで、顔を突き合わせたリアルな対人コミュニケーションが苦手な人が、とくに若い人たちの間で増えているという話をよく聞きます。

でも変わったのはスタイルだけで、**人とつながりたい、誰かとやりとりしたい、わかり合いたいという思いは、世代も時代も関係なく変わらないもの。**コミュ障などという言葉も取り沙汰されていますが、それも、本当は誰もがコミュニケーションを求めているということの裏返しなのだと思います。

SNSでのレスポンスの早さでもわかるように、誰もがみな「相手への反応のよさ、リアクションの早さ」の大切さは認識しているんですね。

LINEのやりとりでスタンプを使って意思表示するように、リアルな会話では身体でリアクションする。絵文字を使うように、うなずいたり、身を乗り出したり、のけぞったりする。SNS上のコミュニケーションでの反応を実際のリアルな会話に流用できれば、会って話すことへの苦手意識やハードルも、もっと低くなるのではないでしょうか。

キーワードのオウム返しで「通じています」が伝わる

あなたの話をちゃんと聞いていますよ。あなたの話はちゃんと通じていますよ――。

話し手に共感や理解を伝えるために有効なリアクションのひとつに「オウム返

し」があります。オウム返しとは、相手の言ったことをそのまま言い返すこと。つまり、相手の話からポイントとなる言葉を拾って、それを〝そのまま〟リピートするという方法です。

A「先月から中国語を習うために語学スクールに通い始めたんです」
B「へぇ、中国語ですか？　先月から？」
A「今や英語は当たり前。これからはアジアだろうと思って」
B「確かに、これからはアジアだって言いますよね。フットワークいいなぁ」

A「最近、インスタグラムを始めましてね」
B「え、Aさんもインスタ、始めたんですか」
A「Bさんもやってます？　思ったよりも楽しいですよね」
B「わかるわかる、確かにあれは楽しいかも」

Bさんは、ほぼAさんの言っていることの傍線部分をリピートしているだけ。自分から発言したのは、最後の「フットワークいいなぁ」という感想だけです。

でも、これだけでもAさんは、Bさんに対して「話をちゃんと聞いてくれている」という印象を持ったはずです。

オウム返しに相手の言葉をリピートすることで、お互いに「言葉を共有している」という意識が生まれます。それによって好感度や信頼度、親密度が高まり、〝話が通じている感〟につながっていくのです。

ただ、ここで注意したいのは、オウム返しは相づちと同様、度が過ぎると好印象どころか、逆に〝うざい〟というマイナスの印象を与えてしまう恐れもあるということです。

何を言ってもすべてオウム返しされると、「適当に返している」「興味がないからおざなりに返事をしている」「何だかバカにされている」ような気持ちになってしまいます。

またオウム返しをする際には、リピートする言葉選びにも気をつけたいところ。例えば、

「先週のデート、電車が遅れて約束に遅刻したんだけど、すごく楽しかった」

という話をされたのなら、こちらがリピートすべきは「楽しかった」です。

「そんなに楽しかったんだ、いいなぁ。どこに行ったの」
「シネコンで今話題の『○○』を見て、アウトレットモールで買い物して——」
「『○○』か。僕はまだ見てないんだけど、おもしろかった?」

「ああ、予想以上によくできてて――」

とデートの話から映画まで話題は広がり、膨らんでいきます。ところが、

「先週のデート、電車が遅れて約束に遅刻したんだけど、すごく楽しかった」

「え、遅刻しちゃったの？　ダメじゃゃん」

と返したらどうなるでしょう。

「急な人身事故だったから仕方ないんだよ」

「最初からそれじゃヤバイよ。デートは時間に余裕をもって出なきゃ」

「うるさいな。いいんだよ、結局は上手くいったんだから」

何だか会話の雲行きが怪しくなってしまいました。相手が楽しい話をしているのなら、**リピートするときもポジティブな言葉を拾うことが大事**。ここで「遅刻した」というネガティブなところをツッこんだら、「放っといてくれ」と思われて、会話もギクシャクしてしまいかねません。

オウム返しで話を広げるなら、ポジティブワードを拾うことを心がけましょう。

漫才コンビに「ツッコミ」役が必要なワケ——会話を動かす司令塔

二人組のおしゃべりで次々に笑いを生み出していくお笑いの芸の代表格、漫才。テレビでも、個性豊かな多くの漫才コンビが活躍しており、その姿を見ない日はありません。

そして漫才コンビには「ボケ」と「ツッコミ」という役割分担があることも、もはや世の中の常識になっているようですね。

おもしろいことを言って笑いを取るのが「ボケ」の役目、それを受けてボケを指摘したり、訂正したりするのが「ツッコミ」の役目、というのが一般的です。

でも、笑いを取るのが目的なら、おもしろいことを言う「ボケ」役だけでも漫才は十分に成立するのではないか。そんな疑問が出てきてもおかしくありません。事実、ひとりでおもしろトークをする「漫談」というスタイルも存在しています。

しかし、漫才には「ツッコミ」役が必要不可欠なのです。なぜなら、漫才は基本、「会話」の形式で展開されているからです。

ツッコミというと、ボケの話を拾って、「なんでやねん」「アホちゃうか?」「やめなさいって」などと話に切り込み、最後にボケの頭をポカンと叩く。そんなイメージでしょう。もちろん、それもツッコミの仕事ですが、それ以上に重要なのが「ボケの言ったことに反応して、笑うツボを際立たせ、漫才という〝会話〟を転がし、広げ、コントロールする司令塔」という役目です。

ビートたけしさんも、ご自身の著書『間抜けの構造』（新潮新書）のなかで「ツッコミというのは、漫才における司令塔といえる。漫才における〝間《ま》〟に敏感なのは、ボケよりもツッコミかもしれない」と語っています。

かつて一世を風靡したツービートの漫才、当時はたけしさんのブラックなギャグばかりが注目されがちでした。でも、ビートきよしさんの「ちょっと待ちなさい」「やめなさいって」「およしなさい」「いいかげんにしなさい」といった合いの手のような、相づちのような、巧みなツッコミがあったからこそ、〝漫才〟という話芸として成立していたのですね。

そう考えると「ツッコミ」の役目というのは、お笑いの世界だけでなく私たちの日常会話にも転用して考えることもできるでしょう。

誰かとコンビを組んで笑わせろということではありません。相手の話を引き出して盛り上げるという意味で、漫才のツッコミには大いに学ぶべきところがあるということです。例えば、

Ａ「昨夜、カミさんと派手にケンカしちゃってさ」
Ｂ「何、どうしたの？　何が原因なの？」
Ａ「先週の土曜、結婚記念日だったんだけど、ド忘れしてゴルフに行っちゃったんだよ」
Ｂ「え、そりゃマズいじゃん」
Ａ「そのことを昨日思い出したって、激怒してるんだ」
Ｂ「どっちもどっちだろ（笑）」
Ａ「そうなんだよ。なのになんでオレだけ怒られなきゃいけないのか――」
Ｂ「男はつらいよってヤツだよな。まあ、ガマンガマン」

相手が投げかけてきた話題を誘導して先を促し、そのエッセンスを見極めて、さらりと拾って会話を広げる糸口を提供する。長引きすぎるようなら、共感の言葉を含んだツッコミで会話をエンディングに誘導する。

つまり、日常会話における「リアクション」は、漫才におけるツッコミと同じスタンスだということです。

もしこの会話でBさんが「ふ〜ん」「そうなの」「へぇ」といった薄味のリアクションしかしなければ、この話はAさんの「カミさんの愚痴」で終わってしまいます。

もしくは、Aさんは「この話に興味ないんだ」と思って話をやめてしまうかもしれません。いずれにせよ会話は弾まないでしょう。

日常会話のツッコミは、笑いを取るためのものではありません。ですからプロの漫才師のツッコミを目指す必要はありません。

相手に話をさせながら、的確な言葉を挿入する（ツッこむ）ことで、話の続きを引き出し、展開をリードしていく。

相手主体で、相手の話をサポートしながら、実はこちらが会話を動かしていく。

「ツッコミ」役の味を覚えたら、違う角度から日常会話を楽しめるかもしれません。そんなリアクションのアプローチです。

第3章

もっと会話が楽しくなる、〝粋な〟大人の話し方

「少しだけ自慢していい？」
——事前のお断りが自慢話の毒を和らげる

「こんなに仕事がデキる」「こんなに儲けた」「こんなにモテる」——会話をしていて、何よりうんざりさせられるのが、延々と続く自慢話です。

周囲のうんざりにも気づかず、シラケた空気にも負けず、何かにつけて自慢話ばかりしてくる人は、ただの困った「かまってちゃん」でしかありません。

自慢話でいちばん困るのは、本人に「自慢をしている」という自覚と、「周囲がうんざりしている」という認識がほとんどないことです。周囲にしてみればどう聞いても「自慢以外の何ものでもないでしょ」という話でも、話している本人がそれに気づいていない。だからうんざりさせているとも思わないのです。

ただ、そう考えると誰にでも、**気づかないうちにどこかで自慢話をしている可能性があるとも言えます。**

人間には自分の存在を認めてほめてほしい、評価してほしいという承認欲求、そして自分を他者にアピールしたいという自己顕示欲があります。ですから、程度の差こそあれ、誰もが「自分のことを話したい」と思うのは人として自然な感情ではあるかと思います。

もちろん、その欲望をＴＰＯにあわせてコントロールできてこそ、「理性のある大人、社会性のある大人」なのですが。でも、とくにお酒の席などではその制御が利きにくくなることもあるので、気をつけなければいけません。

無意識の自慢話で周囲から疎んじられないためには、自慢話ばかりする人に遭遇したら反面教師にしてしまうのがおすすめです。人のふり見てわがふり直せ。「自分はこうした自慢話をどこかでしてはいないか」「自分は自慢話をしないように注意しなきゃ」と自省し、わが身に言い聞かせるようにしたいものです。

自慢話と言えば、こんなことがありました。

あるとき、お仲間と飲んでいらしたお客さまが、突然「ごめん、どうしても自慢したいことがあって5分だけ自慢話したいんだけど、聞いてくれる？」とおっしゃったのです。

すると、それを受けて連れのお仲間やテーブルについていた女の子から、「そこまで言うなら自慢させてあげよう」「聞いてあげるから話してみて」「でも5分過ぎたら強制終了だぞ」という声が上がり、そのお客さまの自慢話で会話が弾むという〝現象〟が起きたんです。

なるほど、と思いました。話す側は自慢話を自覚済み、聞く側は自慢話だと了承済み。それが前提なら、確かにある程度の自慢話でもうんざりした空気になりにくいだろうと。

もちろん自慢の内容や頻度にもよるのですが、どうしても聞いてほしい自慢話があるときは、先に自分から「自慢話をさせて」「自慢してもいい？」とお断りを入れるというのも、周囲をうんざりさせない会話術のひとつなのかもしれません。

自分自身をイジる「プチ自虐」で場を和ませる

株で大儲けして豪遊したという自慢話よりも、給料日前の大ピンチを何とか凌《しの》いだ情けないエピソードのほうが、聞いていて素直に楽しめる。美人でモデルのような奥さまの自慢話より、家に帰れば奥さんが怖い恐妻家の話のほうがおもしろい。家柄のよさを自慢されるとうっとうしいけれど、〝実家のオカン〟のおっちょこちょいなドジ話ならみんな共感できる。

同じ「自分の話」でも、会話のなかで歓迎されるのは成功談や自慢話や美談より、失敗談や少し自虐が入ったエピソードであることのほうが多いものです。

「○○さん、野球に詳しいけど学生時代やってたんですか？」

「ああ、小中高と野球部でバリバリさ」

「で、ポジションは？」

「ベンチ」
「△△さん、たまにはカラオケ歌ってくださいよ」
「いや～、パスだな。君ら〝ジャイアンのリサイタル〟聞きたいか？」

ドヤ顔の自慢話は〝鼻持ちならない〟けれど、クスっと笑える失敗談やちょっと残念な話なら場が一気に和む。いっしょに**話をしていて楽しい人は総じて、ときに自分の失敗談やカッコ悪いところを笑いに変えて提供できる人、三枚目的なポジションを自ら買って出られる人**なんですね。

ただ、ひとつ気をつけたいのは、自虐の頻度と度合いです。例えば、薄毛の人が事あるごとに「オレは毛が薄いから」「オレはハゲてるから」と言い続けると、逆に周囲の人に「本人がすごく気にしているからネタにしているのかも」と痛々しく思われ、かえって気を遣わせることになる恐れもあります。

また重い病気の話や、巨額の借金の話など「シャレにならない」深刻な自虐は、笑いを生むどころか、その場を凍りつかせかねません。要するに、何事もやりすぎは逆効果であり、自虐のさじ加減を間違えないことです。

ちょっとした自虐、笑い話にできるレベルの自虐、誰も傷つかない自虐、みんなが楽しくなる自虐――名前をつけるなら〝プチ自虐〟でしょうか。そんなかわいらしい自虐エピソードなら大歓迎です。

ソフトバンクの孫正義さんの、

「髪の毛が後退しているのではない。私が前進しているのである」

というツイートが自虐ネタとして有名です。自虐ネタでありながら、その実、ネガティブどころか思い切りポジティブな話になっている。そのセンスはさすがです。

自分の欠点を笑いに変えて、場を和ませる潤滑油と成す。これはもはや、日常生活だけでなく、ビジネスにおける商談や打ち合わせでも活かせる優れたコミュニケーションスキルといってもいいかもしれません。

日常会話と議論は別物。論破なんてしなくてよし

最近、企業研修や学校教育などで「ディベート」が行われるようになってきました。ディベートとは、ひとつのテーマについて、肯定と否定など異なるふたつの立場に分かれて議論すること。研修などでは勝敗を決めることもあるといいます。論理的な思考力が養われるというメリットもあり、これからのグローバルな社会において必要になってくるスキルだと考えられています。

もちろん国際的なビジネスにおける交渉術としてのディベートを否定するつもりはありません。でも、「論理的思考で相手を論破したものが勝ち」というディベート的な発想を日常会話にまで持ち込んでくるべきではないと思います。

やたらと理屈をつけて議論を吹っかけてくる人、言葉尻を捉えては相手を否定ばかりする人、理屈ばかりを振りかざして自分の意見を正当化して押し通そうとする人——。もともとロジカルなコミュニケーション文化を持っている欧米の国ならば

いざ知らず、日本の日常生活には、そうした〝理詰め〟の会話はなじみません。

日常会話は、議論でもなければディベートでもありません。誤解を恐れずに言えば、普段の会話は「感情のやりとりが９割」。ですから、必ずしもすべてが論理的である必要はないとも思っています。誰かが言ったことに「イエスかノーか」「肯定か否定か」の二択だけで応える必要もないのです。

最近の言葉で、相手より自分のほうが優位だとアピールして自己満足することを、「マウントする」と言うそうです。ディベートの発想は、議論の場で相手を論理的にマウントするようなもの。理屈でマウントしたほうが勝ち、マウントされたほうが負けになります。

ディベートスキルを競う場でならそれでいいでしょう。でも、日常会話では相手を理屈でマウントする必要などありません。**会話に勝ちも負けもない**のですから。

「はじめに」で「会話はドッジボールではなくキャッチボール」だと書きました。議論で勝ち負けを決めるもの。いかに相手を言い負かすか、相手を論破するかが目的のディベートは、敵にボールをぶつけて倒せば勝ちのドッジボールのようなものです。でも会話は違います。会話は相互理解や意識の共有を目的にしたコミュニケーション。それはたとえるなら、お互いに相手が取りやすいところに、取りやすいボールを投げることで、投げ合いを続けるキャッチボールであるべきなのです。

会話に「相手の名前」を入れることで、心の距離はグンと縮まる

会話で相手の心をつかむもっともシンプルな方法、それは「名前を呼ぶこと」です。

世の中に星の数ほどある言葉のなかで、自分の名前ほどその人にとって大切なものはありません。自分が自分であるための言葉、自分自身が存在している証となる言葉――それが名前です。

些細なことかもしれませんが、お店にいるとき「ママ」よりも「由美ママ」と名

前をつけて呼んでいただけると、より嬉しい気持ちになれます。

普段のあいさつにしても、ただ「おはよう」と言われるよりも「○○さん、おはよう」「△△ちゃん、こんにちは」と名前を呼ばれたほうが嬉しさは倍増します。

そんなに大切なものにもかかわらず、名前は、日常会話のなかでつい省略されてしまいがちです。夫婦の間で会話が弾まなくなるキッカケも、「相手の名前を呼ばなくなる」ことにあるケースが多いのではないでしょうか。とくに熟年夫婦における旦那さまに多いように見受けられます。

目の前にいて面と向かって話しているのだから、名前を呼ばなくても「ねえ」「おい」「あのさ」「ちょっと」で通じる。その人に向かって話しているのだから、名前を呼ばなくてもわかる。そうお考えかもしれませんが、「私は『おい』とか『ちょっと』という名前ではありません」と思っている奥さま方は少なくないはずです。

もちろん男性にしても同じこと。人は誰しも、名前で呼ばれると相手から気にかけてもらっている、大事にされているという気持ちになるのです。

お店では、お客さまとお話をするときに会話の端々で、話している方のお名前をお呼びするように心がけています。

「先月のゴルフコンペはいかがでしたか、○○さん」「おかわりをおつくりしますね、△△さん」――という感じで、何気ない言葉に「名前」をプラスするのです。

お客さままでも、一度、テーブルについた女の子の名前をすぐに覚えて、会話のなかで「○○ちゃん」と常にその子の名前を呼んでくださる方がいらっしゃいます。そうした方は女の子からの好感度も高く、テーブルはいつも賑やかな会話の花が咲いています。

人は、会話のなかでそれとなく自分の名前を呼ばれていると、嬉しいのと同時に、「この人は自分に好意を持ってくれている」という親近感を覚えるもの。そして親近感を持ってくれる相手には、こちらも親近感が湧くということもまたよくある人間心理です。

名前を呼ぶことが相手との心の距離を縮めてくれるということ。そうなれば、会話も弾みやすくなるのは言うまでもありません。

そしてもちろん、これも程度問題で度が過ぎると〝薬も毒〟になりかねません。「ねえ○○さん、そうだろ○○さん、知ってる○○さん、あのさ○○さん、それでさ○○さん――」ここまで連発されると、親近感を飛び越えて「不快」「うっとうしい」「なれなれしい」というマイナス効果になる恐れがあります。

こういうことに「何分に1回くらい呼べばいい」などというマニュアル的な指標はありません。そこは大人のさじ加減で、しつこすぎることなく、粋に、スマートに。相手の名前を大切に扱うつもりで呼んであげてください。

さらにもうひとつ注意していただきたいのは、**呼ぶときは「苗字を呼ぶ」**ということです。とくに仕事の現場で女性に対して、下の名前で呼ぶのはタブーです。

今は、名前ひとつ呼ぶのも〝セクハラと背中合わせ〟という時代。ビジネスシーンで男性上司が女性の部下を下の名前で、しかも「ちゃん付け」で呼ぼうものなら、即セクハラになりかねません。何だか堅苦しい世の中になってしまったようにも感じるのですが。

でも用心するに越したことはなし。女性たちは、当然セクハラはNGですが、自分の存在は認めてほしいと思っているかもしれません。

名前を呼ぶときは念のため、「山田さん」「佐藤さん」「鈴木さん」と苗字にする。それがリスクヘッジになります。親しき仲にも礼儀あり。親近感も度が過ぎると大変なことになることをお忘れなく。

ほめ上手は「問いかけ」上手。後に続く会話を広げるようにほめる

会話を盛り上げ、相手に好印象を持ってもらう効果的な手段といえば「相手をほめる」こと。会話術や雑談力の書籍にも必ずと言っていいほど取り上げられている

〝王道〟です。

ほめることが潤滑油になって場の空気が和み、会話のぎこちなさが緩和されるということについては、私もそのとおりだと思っています。

ほめられてイヤだと思う人はいません。照れや恥ずかしさで「そんなことはない」と謙遜しても、心のなかでは嬉しく思っているものです。

ですから何もほめないよりは、「何でもいいから、何かしらほめる」ほうがいいと考えることは、決して間違ってはいません。

ただ、一歩進んで「何を、どうほめるか」にまで思いを至らせれば、場を和ませるだけでなく、その後の会話にも広がりをもたせることができます。

私はお店に限らず、普段の会話でも**「ほめた後に、もう一歩踏み込む」**ことを心がけています。

「その○○、すてきですね」「いつもセンスのいい○○をお持ちですね」と、正面からストレートにほめるのが第一段階。

ここまででもいいのですが、さらに第二段階として一歩踏み込んで「どこで買われているんですか?」「何というブランドですか?」「どなたがお選びになるんですか?」などと相手に質問を投げかけるのです。

人によっては、ほめられても謙遜して「そんなことない」というリアクションが返ってくることも少なくありません。照れ屋さんだったり、無口な方だったりすると、そこで会話が終わってしまうことも。

そこで、こちらから「興味があるので教えてほしい」という気持ちを提示する、つまり「教えを請う」のです。自分に興味や関心を持ってくれていると思えば、無口な方でも「いや、実はね――」と答えてくれるはず。そこで会話が途切れることもありません。むしろ、会話に弾みがつくキッカケになって話題が広がっていくでしょう。

男性が相手のときは「ネクタイをほめる」のが会話術のセオリーとされています。パッと目に入るネクタイは、誰もがほめやすい〝格好のターゲット〟ですから。

でもだからこそ、センスのいいネクタイをしている人は、みんなにネクタイをほめられているはず。そこでさらに私がもう一度ほめても、喜ばれないことはないでしょうが、その方の印象にはあまり残りません。

「そのネクタイ、ステキですね」という第一段階のストレートなほめ方だけでは、「みんながほめてくれた」の「みんな」のなかのひとりに埋もれてしまいます。

ですからほめるなら、第二段階まで踏み込んで、

「いつもステキなネクタイをされていますが、ご自分で選ばれるんですか？」

「お店は決めていらっしゃるんですか？」

「センスがいいですね。ひょっとして絵とかデザインを勉強されてました？」


などといった「教えてほしい」質問をプラスして、後の会話へとつなげていくことです。相手に「ネクタイをほめられた」ということ以上に、「ネクタイの話で盛

り上がった」という印象を持ってもらうことのほうが重要なのです。
相手との心の距離を近づけるためだけでなく、後に続く会話がさらに盛り上がるキッカケづくりにする。そうしてこそ「ほめ」は会話の潤滑油になってくれます。

ほめ上手は〝第三者を通じて〟ほめる
──「○○さんがほめていたよ」で喜び倍増

「部長が『○○（あなた）はいい仕事してる』ってほめてたぞ」
「△△さんが言ってたよ『○○さんはいつもおしゃれだ』って」
「営業の人はみんな言ってます、『○○さんの企画ならまちがいない』って」

本人から面と向かってほめられてももちろん嬉しいのですが、このように人づてに「誰々さんがほめていた」と聞かされると、その嬉しさがよりアップするように思えます。

間接的に、人づてに伝わってくるほめ言葉は、直接言われる以上に人を喜ばせる効果があると言われています。本人がいないところでのほめ言葉だからこそ、お世辞や皮肉ではなく「本音の言葉」だと思えるからなのでしょう。これは心理学的にも証明されていることのようです。

自分が嬉しければ当然、ほかの人だって嬉しいのが道理。もし会話をしていて、その場にいない人に対するほめ言葉が出てきたら、それをちゃんと覚えておいて、あとで本人に伝えてあげましょう。「○○さんがあなたのことを、△△だってほめてたよ」と。

誰かのうわさ話はしない――これは人間関係を壊さない会話のルールとされていますが、それはあくまで悪いうわさや悪口、陰口を言わないという意味です。その場にいない人のことでも「いいうわさ」「ほめ言葉」ならば話は別。

人は、誰か他の人のことを積極的にほめたり、ポジティブな話をしたりする人に好感や親密感を抱く傾向があると言われています。

「総務の○○さんは仕事が速いから、助かるんだよね」
「○○さんって、実は努力家なんだよ。今も資格の勉強を続けてるんだって」
「先週のプレゼンが上手くいったの、実は○○さんの的確なフォローのおかげなんだよ」

いっしょに会話をしている人、その場にいない人、誰に対しても同じこと。自分以外の他者に関するほめ言葉やポジティブなうわさ話をすれば、ほめられた人の評価も上がるし、ほめたあなたの好感度も上がるということ。

逆に、第三者の悪口を言ったり、ネガティブなうわさ話ばかりする人には親近感を抱きません。それは、「この人、私がいないところではきっと私の悪口を言う」ことを敏感に察知するからでしょう。

他者をほめる＝人のいいところを見て評価しようとする人。
他者をけなす＝人の悪いところを見て批判をしたがる人。

周囲には、そうした印象を与えるということなのですね。
どうせ人のうわさ話が〝蜜の味〟のようなものならば、ネガティブな悪口などではなく、もっとポジティブないいうわさ話、ほめる話で盛り上がりたいもの。それが人として健全なコミュニケーションなのです。

安心感と親近感が増す。会話のベストポジションはお互いの「斜め前」

２０１７年８月１日、人気長寿番組『徹子の部屋』に出演させていただくという機会をいただきました。

銀座の世界に生きて40余年、それ相応の度胸もあると自負していましたが、やはり国民的人気番組に出て、黒柳徹子さんとお話をするという〝異例の事態〟。さすがの私も収録前はかなり緊張したものです。

でもいざ収録が始まると、徹子さんの巧みな話術とすてきなお人柄に包まれて、無事に終えられることができました。素晴らしい経験をさせていただけたことをありがたく思っています。

さて――。

実は、収録が終わってからふと気づいたことがあります。私が思った以上にリラックスできたのは、私（ゲスト）と徹子さんとが、斜め90度の位置に座るというスタジオ・セッティングのおかげもあったのではないかということです。

もし徹子さんと真正面から向き合ってしまったら、収録本番でももっと緊張していたに違いない。座る位置が斜め向かいだったから、安心感が生まれて自然な会話ができたのではないかと思ったのです。

そう思ってほかの対談スタイルのトーク番組を見ると、その多くが「センターにゲストで、ホスト役がその左右の斜め前」という座り方になっていました。

テーブルを挟んで座る場合、「真正面」に向き合うと、お互いの間の距離感が増幅され、会話というよりも「議論」「交渉」「意見交換」といったオフィシャルで緊張感の伴った雰囲気になりがちです。

かと言って、「横並び」だと今度は近すぎて、これもまた緊張度が増してしまいます。親密なカップルやカウンターだけのお店ならともかく、初対面やまだ関係性の薄い間柄の人同士の場合は、互いの距離が近すぎて落ち着かず、緊張してしまうでしょう。

そのため、真正面と横並び、どちらもお互いの心理的な距離を近づけるのが難しくなる傾向にあると言われています。

その点、両者の〝間を取った〟位置関係になる「斜め前」という座り方なら、お互いが適度な距離感と程よい安心感を持つことができます。相手の顔もしっかり見ることができつつ、視線が直接ぶつかってたじろぐようなこともありません。

会話をするなら、お互いに相手の「斜め前」に座るのが、リラックスしながら自然に親近感を深められるベストポジションと言えるでしょう。

「お隣、失礼します」そう言ってテーブルについた女の子に、「いやあ、横並びになると何だか落ち着かないんだよなぁ」とおっしゃるシャイなお客さまも、そんな心理になられているのかもしれません。

無理して笑わせなくていい。日常会話のユーモアとは「和ませる」こと

笑わせるようなことを言わなきゃいけない。ダジャレのひとつでも言わないとウ

ケが取れない。オチのある話をしなきゃ「話がつまらない人」と思われる――。

近年、世の中にはこうした〝おもしろいことを言わなきゃいけない症候群〟が蔓延しているように思えます。「話がスベッたらどうしよう」という強迫観念にも近い心理状態にとらわれて、会話が苦手になっている人も少なくないでしょう。

確かにテレビを見れば、お笑い芸人たちがひな壇に並んで次々に〝おもしろ話〟を披露するトーク番組が目白押し。そこで話がスベると「で、オチは？」「全然、おもんない」と突っ込まれる。「すべらない話」という言葉が市民権を得て、「話がおもしろい人」が人気者になる。

その影響でしょうか、世の女性、とくに若い女性の「おもしろい人が好き」「楽しい人が好き」というニーズが大きくなり、それに応えようとして男性たちは必死になって、笑える話を用意しよう、スベらないようにしようと考える。「話がスベる」「ウケない」ことに必要以上に不安を感じてしまう。

一億総お笑い芸人時代のような風潮のなか、殿方たちが「笑わせなきゃ」とプレッシャーを感じるのもわからないではありません。

でも、断言しましょう。それは大きな勘違いです。

テレビに出てくるお笑い芸人は「世の中におもしろい話を提供するプロ」です。それが仕事なのです。毎日必死にネタを集め、ギャグを考え、話術を磨いているからこそ、笑いが取れるのです。彼らのトークは〝商品〟であり〝作品〟なのです。

一方、私たちは笑いの世界では素人。会話をするたび、常にそんな爆笑話を提供することなどできるはずがありません。素人には素人の〝分〟があります。一流シェフの味を出せないからと、家で料理をしなくなるなんておかしいですよね。それと同じです。

もちろん、「ユーモア」は会話をより楽しくするための大きな要素です。でも、**日常会話におけるユーモアとは、大爆笑を取ることではありません。和ませることです。**

無理にオチのある話をひねり出そうと必死になっても、会話をしている自分自身が疲れてしまうだけでしょう。

普段の何気ない話のなかで、ふっと口をついた言葉や表現がおもしろくてクスッとなる。「あんなことがあった、こんなことがあった」と日常の微笑ましいエピソードに笑いが起きる。誰かがドジな勘違いをしでかして笑いが止まらなくなる。楽し気なハプニングに歓声が上がる――あくまでも自然体で話し、その話題のなかから生まれた自然の笑いで場が和む。それが何よりのユーモアなのだと思います。

オヤジギャグは脳の老化⁉　ダジャレは思いついてもひと呼吸おく

会話におけるユーモアは「笑わせる」ことではなく「和ませる」ことだというのは申し上げたとおりです。

先に述べた「おもしろいことを言わなきゃいけない」という強迫観念もそのひとつなのですが、ほかにもまだユーモアの意味の取り違えによって会話に困ってしまうケースはあります。

そのひとつが、「自分はおもしろいことを言っている」という大いなる勘違いから生まれる会話の落とし穴の代表格、ウケ狙いで発せられるオヤジギャグやダジャレの類です。


「布団が吹っ飛んだ」

「トイレにいっといれ」

「こんな委員会、続けてもいいんかい？」

「電話に出んわ」――


書いていて背中がムズがゆくなってきました。

オヤジギャグばかり言う人の最大の特徴は、同じダジャレなどを繰り返し、しつこく言いまくること。周囲が気を遣って愛想笑いでもしようものなら、その気になって連発してくる点にあります。この状態を称して「寒い」「痛い」と言うわけです。

とはいえ、です。オヤジギャグの代表と言えばダジャレですが、すべてのダジャレがおもしろくない、寒いというわけではありません。適度にひねりが効いて、ウイットに富んだ言葉遊びがあるおもしろいダジャレもあります。さらに、ダジャレそのものはシンプルでも、抜群の間や絶妙のタイミングで言われたらすごく笑えるということもあります。

咄嗟にダジャレが出てくる人は頭の回転が速く、ボキャブラリーが豊富で言葉のセンスがある人とも言われるくらいですから、オヤジギャグも使い方次第だということ。

辞書で調べると、オヤジギャグとは「中年男性が口にするとされる、言い古された冗談やおもしろくないしゃれ」「年配男性が口にする時代感覚からずれた冗談やシャレ」などと書かれています。やはり、オヤジギャグが「ウイットに富んだ洒落」と違うのは、時代感覚に大きな原因があるということなのでしょう。

ただ中高年の男性がついオヤジギャグを口走るのは、脳の前頭葉の働きが弱まったことに原因があるとも言われています。若いうちは思いついても口に出すのを抑えられるけれど、年を取ると思うと同時に言ってしまう、ということなのだとか。ある程度は仕方のない〝老化現象〟のひとつなのかもしれません。

ならば、**心がけるべきは、何でもかんでもすぐ言わない、しつこく連発しないという意識を持つこと**でしょう。いわば、脳のアンチエイジングです。

たまに出てしまう程度なら、かえって「あ、出ました、オヤジギャグ」と場を和ませるカンフル剤にもなり得ます。思いついても、ひと呼吸してグッと我慢。言いすぎは場を凍らせるという自覚を持てれば、たまに繰り出すオヤジギャグを、その人の微笑ましい個性に転化することだってできるでしょう。

聞き手不在のおもしろ話は、大概おもしろくない

「すごくおもしろい話があってさ――」
「笑っちゃうんだけど、聞いてくれる？――」

意外に多いのが、話す前に自分から「今から自分はおもしろい話をします」と宣言してしまう人。後に続く自分の話のハードルを、自分自身で無意識に上げてしまっているパターンです。

当人はそこまで意識していないことも多いのですが、この前フリは、結構な曲者です。

このひと言を口にすることで、周囲の人は「どんなにおもしろい話が聞けるんだろう」と必要以上に大きな期待を持ってしまうんですね。

もちろん、期待通りのおもしろいエピソードならば何も言うことはないのですが、困るのは大した話ではなかったとき。期待していた分だけその落差も大きく、逆に必要以上に「話のつまらなさ」が強調されて、ネガティブな印象を与えてしまうこともあります。

さらに「話をしながら、話している側が、聞いている人より先に自分で笑ってしまう」というケースもよくあります。

話が最後まで行き着く前に、自分がわかっている自分の話のオチに自分でウケてしまう。話を聞いてほしい聞き手が「どうしたの？」「どこがおもしろいの？」と置いてけぼりになる。話す人が笑うほど、聞く人は冷めてシラけていく――。これもやめたほうがいい会話のマナー違反です。

先におもしろいと言ってしまう、先に自分で笑ってしまう。どちらも「会話が自分のなかだけで完結している」ということでしょう。それはつまり、「相手の立場に立たずに、相手のことを考えずに話している」とも言えます。

その**話がおもしろいのか、イマイチなのか。それを決めるのは自分ではなく話を聞く人**です。聞き手不在で独りよがりの「おもしろ話」は、どんなに話の内容がおもしろくても、おもしろくなりません。

会話はやはり自分ではなく相手本位であるべき。すべては本書で私が申し上げたい会話とコミュニケーションの本質に行き着くのです。

周囲を不快にするコソコソ話は、たとえ悪意がなくてもＮＧ

数人だけで固まってヒソヒソ、声をひそめてコソコソ、顔を見合わせてクスクス――こうした会話ほど、傍で見ていて気分の悪いものはありません。なぜなら、コソコソ話の話題と言えば誰かの悪口や陰口と相場は決まっているからです。

話題に上っている人が近くにいるのを知っていて、わざと声を潜めて悪口陰口を言い募り、時折、チラ見したりする。これはもはや陰湿なイジメでしかありません。

私は自他ともに認める〝ストレートではっきりしている〟性格です。そのせいもあって、ヒソヒソ話が大嫌い。「言いたいことがあるなら面と向かって言いなさい」「人に聞かれて困る話なら、誰もいないところでおやりなさい」と思ってしまいます。

店の女の子たちにも「小声でヒソヒソ話すのは絶対にやめて」と言っています。女の子同士がヒソヒソ話をしていると、なかには「何か言われているみたいで気分が悪い」というお客さまもいらっしゃるでしょうから。

コソコソと悪口や陰口を言いたがる人は、自分の悪口に同調してくれる相手を欲しがっているのだと思います。「○○さんって、いつも△△だと思わない？」「◇◇さん、また◎※したんだって。おかしくない？」という自分の感情に「そうだよね」「わかるわかる」と同調してくれる〝悪口の共犯者〟を探しているのでしょう。

他人のアラ探しをして、そのアラを誰かと共有することで仲間気分になっているのかもしれません。要するに、寂しがり屋さんなのでしょう。

でも陰口というネガティブな話題の共有で生まれる仲間意識など脆いもの。そこに信頼関係など築けるはずもありません。

ヒソヒソ話は、当人が思っている以上に目立っているもの。たとえ話題が悪口や陰口でなかったとしても、人はみな、近くでコソコソ話をされると「ひょっとして自分のことを話してるんじゃないか」と気になってしまいます。自分と関係なさそうだと思っても、何を話しているのか気になってイヤな気分になったりイライラしたりすることもあります。

話の内容よりも、行為そのものが周囲に不快感や不信感をまき散らしてしまうのです。ときにはトラブルのキッカケになることだってないとは言い切れません。

そしてコソコソ話が好きな人ほど、自分が人のコソコソ話を見ると「私の悪口を言っている」と邪推してしまうもの。

周囲に疑念や不快感を抱かせるような行為はしない。自分がされてイヤなことはしない。それは会話のマナー以前に、人として最低限の礼儀であり、品性の問題なのです。

「低めの声でゆっくり」が大人
――声のトーンとスピードで印象は変わる

人が会話から抱く相手の印象は、話の中身以上に声のトーンや話すスピードによって大きく左右されると言われます。

一概にすべてがそうとは言い切れませんが、一般的に、声のトーンが高い人は、「明るくて元気」な印象がある一方で、「焦りや余裕のなさ」といったネガティブな印象も与えます。

逆に、声のトーンが低い人は、「落ち着きや安心」といった印象がある反面、若々しい印象にはなりにくい。

お店のお客さまでも、上司やリーダーとして信頼され、慕われている年配の方々は、声のトーンが低めで、噛んで含めるように話される方が多いように感じます。

その声を聞いていると、話の内容の信憑性も増すように感じ、思わず納得してしまうんですね。

とくに真面目な話、真剣な話、悩みごとの相談など、安心や自信、信頼が求められる会話では、意識してトーンを低めに話す。そうすることで相手や周囲に「頼りになる人」という印象を与え、より腹を割ったコミュニケーションが取りやすくなります。逆に甲高いトーンでは、ヒステリックで感情的なイメージを与えてしまう恐れがあります。

また、「女は聴覚で恋をする」などとも言われるように、男性の低い声に魅力を感じる女性も少なくありません。やはり、低いトーンの声には信頼感があって仕事もできて、包容力もありそうといった印象を与える効果があるのでしょう。声のキーを上げすぎず、低めのトーンで交わされる会話は、「大人」の象徴なのかもしれません。

そして、トーンと同様に話し手の印象を左右するのが、話すスピードです。とくに早口にならないように注意したいものです。

早口は、どうしても「まくしたてる」「畳みかける」ように聞こえ、それはともすれば「反論の隙を与えない」という自己中心的な印象を与えてしまいます。また、自分の言葉に自信を持っていない（だから早く話してしまいたい）、せっかちで追い立てられているといったネガティブな印象にもつながりやすくなります。人はウソをつくとき、無意識のうちに早口になると言われるように、話の信憑性にもマイナスの影響を与えかねません。

一方、ゆっくり話す人は冷静で落ち着いた印象を持たれやすくなります。言葉を選んで話しているイメージがあるため、話に説得力も加わり、信頼感を持たれやすいのでしょう。

早口は、話している本人がいちばん自覚できていないもの。だからこそ「**知らぬ間に早口になっていないか**」**を常に意識する**ことが大切です。

声のトーンの高い低いは生まれつきの声質も影響してしまうので、地声が高い人にいきなり低い声で話せというのは難しいでしょう。でも、スピードについては意識して話すことである程度コントロールすることができます。ですから、声が高めの人はとくに早口にならないように注意しましょう。

スピードの出しすぎに注意して、ゆっくり話す。そんな大人の会話を心がけたいものですね。

「イエス」でなくても「ノー」とは言わない――まずは肯定から入る

ＡさんとＢさんが同じ映画を観に行ったとしましょう。Ａさんはその映画を「おもしろい」と感じ、Ｂさんは「つまらない」と感じました。それをふまえて考えてください。

Ａ「〇〇監督の新作を観たけどおもしろかったよ。意外にヒットするんじゃないかな」

B①「でも、あれってマニアックに走りすぎた駄作って評判ですよ」
B②「独特の世界観があの監督らしくてよかったですね」

A「主役の△△、いい味出してたよ」
B①「いやいや、演技下手でしょ？　キャスティングミスだな」
B②「それ、わかる。演技力はともかく、独特の雰囲気を持ってるね」

Aさんがそさんにその映画の話を向けてきたとき、より会話が盛り上がるBさんの反応はB①、B②、どちらだと思いますか。

B①のように頭から「否定」されると、話は多分そこでおしまい。もしかしたら、Aさんは自分の映画のセンスをも否定されたような気分になって、「何だよ、こいつ」と心のなかで毒づいてしまうかもしれません。

一方のＢ②はどうでしょう。たとえ「つまらない」と思っていても、相手の映画の評価を真っ向から否定はせず、まずは「肯定」「同意」で応えています。これなら、相手の話したい気持ちが萎えることもなく、「例えばあのシーンでも――」「○○に出てたときとイメージ違ってたよね」と、お互いがプラスの方向を向いて話が広がっていきます。

どんな話をしても、第一声が「でもさ」「そうじゃなくて」「いや違うよ」――。人の話を聞くと、何でも最初から否定してくる人がいます（私はそういう人のことを、心のなかで勝手に『それ違うクン』と名付けています）。

「私はあなたより知っている」という優越感を得たくて相手のことを否定するのか。自分がすべて正しいと思い込み、他者の意見や考え方が「自分への反論」に感じられるから否定するのか。

否定することがロジカルに相手を論破したようで「カッコいい」「知的に見える」

という発想があるのか。

　賛同したり同意したりすることは、「負け」だと考えているのか。

『それ違うクン』のように否定ばかりする人の心理にもいろいろあるでしょう。でも、何度も申し上げていますが、日常の会話の目的は議論やディベートのように相手を言い負かすことではありません。お互いにストレスなく、楽しいコミュニケーションを図ることにあります。そのときに求められるのは、否定や反論ではなく「共感」なのですね。

「ですね～」とお互いが相手の話題に共感を覚えながら話をしているとき、その会話は楽しく広がっていきます。嬉しかったり、ホッと安心したり、納得したり、驚いたり。感性や考え方を共有できたと思える相手には、親近感や信頼感を覚えるものなのです。

　でも、はじめから「いや、でも、しかし、違う」といった頭ごなしの否定フレーズを浴びせられると、「もういいや」――話そうという意欲が一気にしぼんでしまうでしょう。

相手の話を否定するのは、大げさに言えば相手の価値観を否定するのと同じこと。

自分と違う価値観を認めないという気持ちの表れです。

でも、世の中に自分とまったく同じ趣味嗜好の人、同じような価値観の人などめったに存在しません。たとえ自分の価値観が相手と違っていたとしても、それを最初から否定して自分の価値観だけを強引に押し付けるようでは、人としての品格を疑われてしまいます。

人それぞれ違うからおもしろく、違う価値観に触れることで新たな気づきや発見をすることもある。他人との会話のおもしろさは、そこにあるのですから。

だからこそ「でも、いや、違う」よりも「そうですね～」と、相手の話には否定ではなく「共感」で応える。自分の価値観とは違う話でも、あまり興味がないことでも、嫌いなことでも、まずは「肯定の意識」で受け入れる。

まずは肯定することで、相手に気持ちよく話してもらうこと。自分の話を披露して、お互いに意見や主張を比較するのはそのあとでいいのです。

些細な間違いは聞き流す。その心の余裕が会話を弾ませる

人と話をしていると、相手の誤りに気づくこともあります。意見や価値観の違いではなく、単純な勘違いや事実関係の間違いの場合、どう対応すればいいのかは、会話での悩みどころのひとつでしょう。

誰だって、気分よく話しているときに、些細なことを「それ間違ってますよ」「それは○○じゃなくて△△です」とストレートに間違いを指摘されるのはおもしろくないもの。間違いを指摘した側は正しいことをしたという気分になるかもしれませんが、指摘された側は、程度の差はあっても、たいてい傷つきます。恥をかいてしまったと思って萎縮し、黙り込んでしまうこともあります。

では、プライドを傷つけることなく、恥をかかせることなく、相手の誤りを指摘

するにはどうすればいいでしょうか。

もちろん、ビジネスの商談などで、即訂正しないと仕事に直接の損害が出るとか、取り返しがつかない事態に陥る。日常会話でも、後の人間関係に重大な支障が出るようなとんでもない誤解を招いてしまう。こうした場合は、迷うことなく誤りを指摘し、正しい内容を提供したほうがいいのは当然です。

でも、普段の何気ない会話における、話の大筋とは関係のない些細な間違いや〝そんなに緊急を要しない〟誤りの場合は、「指摘せずに聞き流す」のが最善策だと私は思っています。

その程度のたいしたことのない、誰も損をしない誤りなら、「あ、勘違いしてるな」と気づいても、寛大な心でスルーしてあげればいい。そもそも「どうやって指摘するか」を考える必要もありません。指摘したところで、会話は遮られる、相手は傷つく、場の空気は重くなると、誰の得にもなりません。

それは「自分が間違えた場合」という逆の立場になって考えればよくわかります。

私もたまにお客さまとの会話で言い間違いをしてしまい、あとから自分で気づくことがあります。そういうときは思い返すと、たいていお客さまはその場で一瞬、「おや?」という表情をされているんですね。きっとそこで間違いに気づいていらっしゃるはず。でも私に恥をかかせないように、指摘せずに笑って聞き流してくださっているのです。

世知辛くて、余裕のない世の中になってきたからか、ほんの少しの言い間違いや他愛のない勘違いを〝鬼の首を取った〟かのように指摘したがる人が多いようにも思えます。小さな誤りをチクチク指摘することは、本人にはその気がなくても、「自分のほうがあなたより正しいことを知っている」といううぬぼれとも取られかねません。

重大な誤りは別として、些細なことは気づかぬふりで聞き流す。そんな心遣いがあってこそ、相手本位の会話が成立するのです。

4つのステップで、好印象を残しながら「長話を切り上げる」

相手は興が乗って話し続けているけれど、こちらはそろそろお開きにしたい。延々と続く愚痴や自慢話、さすがに聞き飽きたのでそろそろ解放してほしい。でもうまく切り出せなくて、ズルズルと長引いてしまう――こうした状況も困ってしまいますよね。

会話を終わらせるのは、意外に難しいもの。とくに相手が上司だったり、お世話になっている人だったりしたら尚更でしょう。

話の途中でいきなり「もういいですか」「じゃあこの辺で」はもっとも避けるべき方法。これでは、相手に「私の話が聞きたくないのか」と思われてしまいます。

相手に失礼なく、「話の腰を折られた」と思われることなく、自然に会話を終わらせてその場を立ち去る。スマートに会話を切り上げるにはどうすればいいでしょうか。

以前、NHKの情報番組『あさイチ』や『ごごナマ』に出演させていただいたときにもお話ししましたが、私がおすすめする「好印象を残して長話を切り上げる方法」は、次の4つのステップです。

STEP1 切り上げる「キッカケ」をつくる

相手にそれとなく「そろそろ」と気づいてもらうためのサインを出します。もっとも効果的なのが時計を見るという動作です。話を聞きながら、さりげなく、何回か、時計を見ます。相手がそれに気づいて「時間、大丈夫ですか？」と聞かれるのを待ちましょう。


相手がサインに気づかないときは、会話が途切れたタイミングで時計を見て、

「あ、もうこんな時間だ！　全然気づきませんでした」

「いけない、もう〇時過ぎてる。すっかり話し込んでしまいました」

と驚いて、こちらから潮時のサインを出すのも手です。そのとき、「相手との会

話に夢中になっていた」というニュアンスを伝えられれば、なおよしですね。

STEP❷ 切り上げる「理由」を伝える

「実はこのあと用事が入っていまして――」

「○時までには出かけなければいけなくて――」

など、「○○しなければいけない」という物理的な理由を伝えます。

ここで重要なのは「笑顔」で愛想よく伝えること。事務的に言うと冷たい印象になって相手に失礼になり、申し訳なさそうな表情だけが強調されると、相手に「悪いことをした」と気を遣わせてしまいます。

STEP❸ 「楽しかった」という気持ちを伝える

さらに「お話、楽しかったです」「お話しできてよかった」と笑顔でひと言。飽きたとか、つまらないわけではないことを伝えます。

STEP❹ 「次」につながる余韻を残す

最後に「続きはぜひ今度、聞かせてくださいね」と添えて『次』を匂わせることで、「話していて楽しかった感」をより強く印象づけます。

何よりも重要なのは、「本当は、まだ話していたいのですが」「ここで切り上げるのは残念なのですが」というニュアンスをしっかり伝えることにあります。そうすることで、相手に「ならば仕方ない」と好意的に思ってもらえます。

楽しい時間を過ごせたことが伝われば、相手も、切り上げた自分も、いい気分で話を終えることができるでしょう。

人の話を横取りする〝会話ドロボー〟というマナー違反

「実は、先月の連休に○○温泉に行ってきて」
「その温泉、私も行った！　旅館の若女将が学生時代の友人で――」

「実は先週、仕事で大変な目にあっちゃって」
「オレなんかもっと大変だったよ。急に今の事業を縮小するって話になってさ――」

「ウチの義理の母親が、結構面倒で」
「あ～、ウチは義理の姉っていうのが細かい人なんだよ。先週もさ――」

「この前、珍しく課長が上機嫌だったんだよ。理由を聞いたらさ――」
「そうそう、次の人事でやっと部長に昇進するんだよな。びっくりしたよ」

人のものを盗んではいけない。強引に横取りしてはいけない――これは誰もが人として守るべきルールであり、最低限のモラルです。

そしてそれは、会話をする上でもまったく同じです。つまり、人が気持ちよく話そうとしているところに割って入り、主役から話を横取りして自分のものにしてしまう〝会話ドロボー〟は明らかなルール違反だということ。イタリアでは、どんな話にも口を挟もうとする〝出しゃばり〟な人のことを「パセリのような人」というそうです（どんな料理にも必ず顔を出すから）。

先に挙げた4つの例文に共通しているのも、話し手が提供してきた話題を聞き手が奪い取って、会話の主導権が入れ替わってしまったという点です。

「話したいこと」「ぜひとも聞いてほしいこと」があって話し始めた相手の横から出てきて、ひょいと話題を盗み取って、盗んだ話題をすべて自分の話にすりかえて、自分が会話の中心に立とうとする。

そんなことをされたら、話し手の立つ瀬がありません。強引に話し手の立場から引きずり降ろされてしまうのですから。

会話ドロボーがやめられない人は、基本的に自尊心や自己顕示欲が強く、「いつでも自分が話題の中心にいなければ気が済まない」「ほかの人が会話の中心にいて楽し気に話しているのが気にくわない」といった性格の持ち主にも思えます。

目立ちたがりで独りよがり、プライドだけは高め。もっと言えば、自分が話したいという気持ちを抑えられず、「人の話を聞けない」人ということ。

誰かの話を聞いていると、「自分も似た経験をした」「その話、知っている」と思うことはよくあります。そんなとき、心の片隅に「ああ、自分の経験も話したい」という思いに駆られることもあるでしょう。人には誰にでも「認めてほしい」願望があるため、そうした思いが浮かんでくるのは仕方のないことです。

でも、人としての理性、話し手への心遣いや礼儀があれば、普通は話したくても我慢できるもの。しかし、それを我慢できない人もいるのです。

さらに、そういう人は総じて自分が会話ドロボーをしている自覚がありません。自分が主役として話せることに満足し、場がシラケていることに気づかない。盗まれた相手がイヤな気分になっていることに思いが及ばない。だから困ってしまうのです。

そういう人への対処法ですが、これが思った以上に難しいもの。「今、私が話しているじゃない」とストレートに言うのも角が立ちますし。もし、何か言うのなら、「ごめんなさいね、私の話、先に聞いてもらっていいかしら」と、一応、相手を気遣いながら話を戻してもらう、という感じでしょうか。

でも、私がそういう人と遭遇したときは、あきらめて話を譲っています。心の中で、「どうぞ、存分にお話しくださいな」と。張り合って話を取り戻そうとするのも無粋ですし、何より場の空気が壊れてしまいますから。それよりは反面教師として、「私は気をつけよう」と自戒する機会ととらえるようにしています。

会話ドロボーにならないためには、**話し始めた人の話は最後まで聞くという姿勢を忘れないこと**。これに尽きます。自分の話をする機会はいずれ訪れます。相手の話が一段落したら、「そういえば私にも」と切り出せばいいだけのこと。

会話でも人のものを奪えばドロボーになります。何でも欲しがる、何にでも首を突っ込もうとするのは無粋以外の何ものでもありません。コミュニケーションで奪うべきは、会話ではなく相手の心なのです。

言葉は心の鏡。相手を気遣った品のある言葉遣いを

1. 女性のことを『オンナ』と呼ばない
2. お金のことを『カネ』と言わない
3. 相手のことを『オマエ』と呼ばない

これは以前、ある高尚なお客さまからお聞きした「どんなに打ち解けた間柄であっても使わない３つの言葉」です。

『オンナ』は、女性を下に見ているイメージがあって女性への配慮に欠ける。『カネ』は、お金を軽んじているイメージがあり、不誠実で信用の置けない印象を与え

てしまう。『オマエ』は乱暴で高圧的なイメージがあり、自分勝手で傲慢な印象を与えてしまう。

相手を傷つけ、なおかつ自分も損をしてしまうこの3つの言葉は使わないように心がけているのだと。

日々の会話のちょっとした〝ものの言い方〟で、その人の印象が大きく変わるのはよくあることではないでしょうか。

言葉はいちばんベーシックなコミュニケーション・ツールであり、言葉遣いとは、それを使うためのマナーでありエチケットです。だとすれば、そこには**言葉を使う人の品性や品格が表れてくる**と言うこともできるでしょう。

言葉遣いひとつが、その人の印象を、その人の人間関係を、その人の人生をいかようにも左右する。言葉はそれほどに重要なものなのですね。

「言葉は心の鏡」という言葉があります。「言葉遣いにはその人の心や人柄、人間性が自然に表れる」ということ。相手を下に見ない。バカにしない。否定しない。

偏見を持たない。相手の気持ちを推し量り、お互いが気分よくやりとりできるように心を砕く。こういった自分の心の在り方が、自分の言葉をやさしく、美しく磨いていくのではないでしょうか。

最近、目上の人や取引先の人などに対して、正しい敬語を使えない人が増えていると言われます。日本語ならではの礼儀・礼節を感じさせる敬語表現はほかの外国語にはない素晴らしい言語文化。敬語を正しく使えることは日本人の大切なたしなみのひとつだと思っています。

でも、敬語を正しく使わなければと意識するあまり、うまくしゃべれずに肝心の会話がギクシャクしたり、相手と打ち解けられなかったりする。これはこれで本末転倒なのかもしれません。

言葉が心の鏡ならば、いくらスキルとして敬語を巧みに使いこなせても、心のなかに相手への敬意の念がなければ、そこに本物のコミュニケーションは生まれないでしょう。下手をすれば、ただの〝慇懃無礼〟になって、かえって礼を失する恐れもあります。

敬語を正しく使おうと心がけることはとても大事です。でも言葉でのコミュニケーションにとってそれ以上に大事なのは美しい言葉や品のある言葉を使うことだと思うのです。

先のお客さまのお話のように、気持ちよい会話や感じの良いコミュニケーションのために、相手の気持ちを考えて言葉を選び、言葉を使う。その配慮こそが相手に対するいちばんの敬意なのではないでしょうか。正しい敬語もその配慮のひとつなのです。

言葉遣いは、相手への気遣いであり、心配りであり、敬意でもあります。「あの人ともっと話をしたい」――そう思ってもらえる〝言葉の品格〟を身につけたいものですね。

感謝を伝えるなら「すみません」より「ありがとう」で

日本人にとって使い勝手のいいフレーズに「すみません」という表現があります。「ごめんなさい」とか「申し訳ない」のお詫びでも、「ありがとう」という感謝に近い意味でも使える〝マルチ〟な言葉と言えるでしょう。

でも私は、感謝の気持ちを伝えるときは「すみません」ではなく、きちんと「ありがとう」という言葉を使うように心がけています。

例えば、仕事で取引先を訪ねた際にお茶を出されたとき、先輩社員に仕事を手伝ってもらったとき、ご近所さんからお土産やお裾分けをいただいたとき――その方に対して、

「どうも、すみません」

と言ってしまいがちです。確かにお礼の気持ちは伝わります。でも次からそこで、

「すみません」ではなく、

「どうも、ありがとう」

という言葉で伝えてみましょう。お相手も、心がより〝ほっこり〟してあたたかい気持ちになるのではないでしょうか。

「ありがとう」の代わりに使われる「すみません」には、素直な感謝の気持ちよりも、「手を煩わせてすまない」「面倒をかけてすまない」「忙しいのにすまない」など、「申し訳ない」というニュアンスのほうが色濃く含まれています。

・ありがとう＝感謝
・すみません＝恐縮

だということ。

もちろん「すみません」も相手の事情を慮《おもんぱか》っての言葉ですから、不愛想に比べればとても素晴らしい対応であることは間違いありません。

ですが、「すみません」は、ともすれば「自分を卑下する」というニュアンスをともなってしまうのが玉にキズ。かえって相手に「そんな気にならないで」と気を遣わせてしまうかもしれません。

相手がこちらを気遣い、「よかれ」と思って起こしてくれた行動に対しては、「すみません」と申し訳なさそうに言われるより（これも気分が悪いわけではないのですが）、どうせならニッコリと笑顔で「ありがとう」と言われたほうが、気持ちがいいものです。

とくに日本人には謙虚な人が多いと言われます。本心を素直に伝えるのが苦手とも言われます。でも、謙虚な気持ちは心のなかで大切にしながら、もっと自分の感情を素直に、ストレートに伝えてもいいのではないでしょうか。

感謝を伝えるときは、「すみません」を「ありがとう」に置き換える。言ったほうも言われたほうも、きっと、もっと笑顔になれるはずです。

終わりよければすべてよし。会話は「ありがとう」で締めくくる

長年、接客というコミュニケーションを生業にしてきて思うのは、「ありがとう」という言葉の魔力です。

言われた人が嬉しいだけでなく、「ありがとう」を言った人も気持ちがほんわかあたたかくなる。「ありがとう」と感謝されてイヤな人はいません。人と人とをつなぐための最強の言葉だと思います。

レストランでサーブしてくれたホールスタッフに「ありがとう」

会社で雑用を頼んだアルバイトに「ありがとう」

エレベーターで閉まりかけのドアを押さえてくれた人に「ありがとう」

レジで支払いを済ませたときに「ありがとう」

『クラブ由美』のお客さまにも、お酒をつくって差し上げたとき、トイレから戻られておしぼりをお渡ししたときなど、さらりと「ありがとう」と言ってくださる方がいらっしゃいます。そうした方は、例外なく、裏方の男性スタッフに対しても、分け隔てなく「ありがとう」と声をかけてくださるんですね。

些細なことにも感謝の念を持ち、それをきちんと「ありがとう」と言葉にできる人は素敵ですよね。

普段の会話でも、感謝の気持ちと「ありがとう」の言葉は大切にしたいもの。相手に何かしてもらったときの「ありがとう」は言うに及ばずですが、とくに会話の最後を「ありがとう」で締めくくると、後味のいい印象が残ります。

「久しぶりに話せて楽しかった。ありがとう」
「忙しいのに話に付き合ってくれてありがとう」
「みんなで話す機会をつくってくれてありがとう」

また、嬉しいときに限らず、相手の誘いや申し出を断るようなとき、つまり「NO」を言わなければならないときであっても、

「――でも、声をかけてくれてありがとう」
「――でも、連絡してくれてありがとう」

ほら、「ごめんなさい」「申し訳ない」といったお詫びだけでなく、感謝の気持ちの「ありがとう」で会話を締めくくることができますよね。

「ありがとう」のパワーは連鎖していくもの。小さな「ありがとう」を常に口にし

ていると、周囲の好意に敏感になり、自分は多くの人やものごとに恵まれていることが実感できます。

すると「してもらう」ことから、「してあげたい」というやさしい思いが生まれ、今度は相手からの「ありがとう」に心がほっこり幸せな気持ちになる――。

「ありがとう」の気持ちがあふれることで、みんながハッピーな気分になれるのです。だから、毎日の会話にいつも「ありがとう」の言葉を。幸せな気持ちで心が満たされれば、それだけでも会話は弾みます。

会話は取り調べじゃない。「答え探し」より「話題広げ」を

女性との打ち解けた会話が苦手という男性、昔で言う〝硬派〟な男性によく見られるのが「刑事の会話」です。もっと気軽に話をしたい、雑談を交わしたいと思っていても、いつのまにか会話が詰問口調になってしまうというケースですね。

「出身は？」

「趣味は？」

「理想のタイプは？」

「休みの日は何をしてるの？」

「そのとき、なんでそんなふうに思ったの？」

「どうしてそんなことしたの？」


と、問い詰めるように立て続けに質問の〝矢〟を放ってしまい、相手の女の子が「私、責められてる？」と感じて引いてしまう。

さすがにこれでは、楽しい会話にはなりにくいでしょう。

確かに「相手に質問することで話題を展開していく」のは会話を広げる王道のアプローチではあります。でも、それも質問の仕方によるんですね。

会話は「取り調べ」ではありません。会話の場において、あなたは刑事でも興信所の職員でもありません。そこで矢継ぎ早に質問の嵐では、女性ならずとも会話の相手は刑事に「職務質問」や「事情聴取」をされているような気分になってしまいます。

お店の女の子からも、会話の流れがないままに、ひと言ひと言ぶつ切りの質問を立て続けにされると、どうしても「一問一答」の質疑応答になり、会話というよりお客さまとの面接のような気持ちになってしまうという話を聞きます。

心理学や脳科学の本を読むと、女性の脳が「感情型」であるのに対して、男性の脳は「論理型」だと書かれています。

女性同士のおしゃべりは、その場が盛り上がることが最優先されるため、ひとつの話題が〝尻切れトンボ〟のままでも気にせず、次から次へと話が広がっていきます。一方、男性同士の会話は、議論になりやすく「論理的な結論を導き出す」ことを重視しがちになるのだとか。

女性のほうが雑談や何気ないおしゃべりが得意なのは、そうした男女の脳の違いもあるのだそうです。男性がつい「論理的な質問」をしてしまうのは致し方ないのかもしれません。

でも女性と気軽に会話を楽しみたいなら、まず「一問一答の答え探し」を我慢することが大事になります。例えば、

「休日は何をしてるの？」

「最近はレザークラフトにハマってるの」

「どうして？」

「友だちがやってたから」

「お酒とか飲みに行くの？」

「友だちとたまに」

「電車は何線を使ってるの？」

「京王線」

会話にはなっていますが、弾んでいるようには思えません。一問一答で会話に流れがないからです。刑事は自分が聞きたいことしか聞きません。事情聴取で話が弾まないのはそのせいでもあるのです。

ではこれを、立て続けに質問を変えず、ひとつの話題を広げるような対応にしてみると、

「休日は何をしてるの？」

「最近はレザークラフトにハマってるの」

「そうなんだ。じゃあ自分でサイフとかつくれるの？」

「まだまだ、始めたばっかりだもの」

「今はなにをつくってるの？」

「いちばん簡単なパスケース。それでも難しくて」
「じゃあ、ハンズとかにレザーを買いに行ったりするんだ」
「仕事帰りに寄ったりするよ」

ほら、格段に話が弾んでいるでしょう。ひとつ答えを聞いたら、すぐ次の別の質問、では会話はいつまでも「点」のままで「線」になりません。

「なんで」「どうして」という論理的な疑問はぐっと飲み込んで、「へえ、そうなんだ」と、まずは受け入れる。質問に対する相手の答えを放置せず、それに乗って、その先を促し、引き出し、展開することを意識してください。会話は「答え探し」ではなく「話題広げ」のほうが大事だと心得ましょう。

場をシラケさせるのは「価値観の違いを認めない」会話

「最近の若いヤツは――」

「オレが若い頃は――」

　職場に限らず、世の中全般で年配の人たちがよく使うお決まりのフレーズです。これはもう、ある年代を超えると自覚症状なしについ口をついて出てしまう条件反射的な発言なのかもしれません。

「最近の若い者は――」という若者への嘆き節は、はるか大昔の世でも語られていたという話を聞いたことがあります。約５０００年前のエジプト遺跡、紀元前のローマ遺跡などから、「最近の若いヤツはなってない」といった意味合いの書簡や壁面文字が見つかったというのです。真偽のほどは定かではありませんが、そんな時代から世代間での価値観にギャップがあったのかと思うと、妙におもしろく感じたことを覚えています。

　そんな、何千年も前の時代から現代までずっと変わらない部下や後輩、若者たちへのお説教ですが、とくにお酒の席で延々と続くお説教は、周囲の人たちにとってもあまり気持ちのいいものではありません。

私のお店でもたまにあるんですね、部下の方といっしょに見えて、お酒の席でお説教が始まってしまうケースなどが。

最初のうちは、こちらもあまり聞かないようにしているのですが、あまりにも続くようなら、タイミングを見て、「仕事のお話はそのくらいにして、私たちにもお話ししてくださいよ」とさっと割り込んで話題を変えてしまったりはします。お説教されている部下の方だけでなく、同席している私たちまで気分が重くなって楽しい席にならなくなってしまいますから。

私も世代的には、年配の人たちの言うことがわからないわけではありません。本人が過ごしてきた若い時代を思い返したとき、今の若い人たちが物足りなかったり、歯がゆかったりする。その気持ちも理解できる部分はあります。

でもそれは、あくまで〝その人の〟生き方であり、価値観なんですね。人にはそれぞれ生きてきた環境があり背景があります。そこから個性や、個々の価値観が生まれてくるんです。ですから、自分の価値観をそのまま他人に当てはめて押し付けるなど、そもそもが無理な話なんです。

もちろん逆も言えます。若い世代が年配者や上の世代の人たちの価値観を頭から「古い」「時代に合わない」と決めつけるのもまた、価値観の押し付けでしかありません。

どちらにせよ、「自分たちの価値観が正しくて、相手のそれは間違っている」という、その価値観自体がとんでもなく間違っているのです。

こういう仕事をしていると、お客さまからお説教される女の子もいます。さすがに『クラブ由美』にはそんな無粋な方はいらっしゃいませんが、夜のお仕事をしている女の子に「なんで夜のアルバイトを始めたの？　そんなにお金が必要なの？」と疑問を投げかける人もいるという話をよく聞きます（ご自分だってその店に飲みに来ているのに、ですよ）。

私も昔は「真面目に働け」などと言われたこともありました。傍から見れば、お客さまとお酒を飲んで、はしゃいで、お洒落して、おいしいものを食べさせてもらって、それでお金がもらえるんだからいいよな——と思われるかもしれません。

人はみな自分なりの生き方や信念があって仕事をしているのです。その人を前にして、事情を知らない人がお説教をするのはまさに「お角違い」。コメディアンやお笑い芸人さんの舞台に向かって「真面目にやれ」と言っているようなものなのです。

自分のものさしでしか世の中を見ることができない。自分のものさしの目盛りはこうだから、ここに当てはまらない君はおかしい。そんな考え方が土台にある人とは、到底打ち解けた会話などできませんよね。

みんながそれぞれ自分のものさしを持っている。それを理解した上で、互いの〝計り方〟を知って学び合う。価値観の違いからは押し付け合いではなく、そうした前向きな会話が生まれるべきだと思うです。

訛っていたっていいじゃない。心がほっこりする「方言の魅力」

北は北海道から南は九州・沖縄まで、銀座周辺には都道府県のアンテナショップが20店舗以上集まっています。東京にいながら全国各地の美味しいものや特産品が手に入ることから、どの店もその県出身の方はもちろん、他府県の方々にも大変人気なんですね。

そうしたお店の近くを通りかかると、時折スタッフの方々やお客さまから「その地方の言葉」が聞こえてきて、ほんわかとあたたかな気分になります。方言の持つ奥深い味わいは、日本語ならではの素晴らしいもの。まさに言葉の文化だと思います。

地方から上京してきた人たちのなかには、都会の洗練された街並みや人々に圧倒されて、故郷の方言や言葉の訛りにコンプレックスを感じ、会話が苦手になる人もいるようです。標準語を話さなければいけないという強迫観念、訛りが出たら恥ずかしいという羞恥心、笑われたらどうしようという不安。そうした思いにとらわれて、どうしても言葉が重くなってしまうのでしょうか。

私は名古屋出身なのですが、やはり語尾につく言葉や単語のイントネーションに独特のものがあり、上京したての頃は方言が出ないように意識していたこともありました。

お客さまにも、お店の女の子たちにも地方出身の人は多いのですが、みなさん、普段は標準語で話していても時折ふと故郷の言葉が口をついて出て、「みんな知っていると思っていたのに、それが故郷でしか通じない」ことに気づいて赤面する――そんな経験をしている人は大勢います。

でもそんなこと、気にしないでください。恥ずかしがる必要などまったくありません。

最近では、テレビドラマやバラエティ番組などの影響もあって、方言の魅力がクローズアップされ、方言は恥ずかしいものではなく、その人の大きな個性として注目されるようになってきています。

東京出身の若い人たちには、方言を使う異性を「かわいい」「ステキ」と思う人も増えているのだとか。方言が少ない東京の人からは「故郷の言葉があるっていいなぁ」と羨ましがられるケースも増えているのです。

銀座で長く親しまれ、２０１８年に惜しまれつつその幕を閉じた『白いばら』という老舗キャバレーがありました。店の入り口に置かれた大きな日本地図には在籍している女性の名前が出身都道府県ごとに掲げられ、お客さまは同郷の女性を指名して方言を交えた地元の話で盛り上がる――そんな味わい深い魅力が、銀座の名物になっていたのです。

慣れ親しんだ言葉というのは、心にも染み込んでいます。東京の街を歩いていて自分の故郷の方言を話している人を見かけると、まったくの見ず知らずの他人であっても、ものすごく親近感を覚えるという人が大勢います。

実家の親から電話がかかってくると、知らぬ間に故郷の言葉で話している自分に気づいて、その心地よさに自分自身が癒されるという人も少なくありません。

お客さまとお話ししていて、会話の端々にその方の故郷の方言による独特な表現やイントネーションが現れると、その方のルーツが垣間見えるようでより一層興味を引かれます。思わずその言葉の意味や由来を知りたくなるんですね。

標準語で話すことと方言で語ることに優劣などありません。恥ずかしがって隠すことも、無理して訛りを直すこともしなくていいんです。

故郷の言葉、慣れ親しんだ方言を持っている人は、そのことを誇りにしてほしいと思います。

第4章

こんなとき、どうしましょう?
会話の「困ったシチュエーション」を切り抜ける

困った1

突然の沈黙で間が持たない

会話の〝休み時間〟だと思えば、沈黙なんて怖くない

会話をしていてふとした瞬間、お互いが同時に口をつぐむことってありますよね。

2人とも言葉を発しないのですから、そこに訪れるのは当然、「沈黙」です。

多くの人が、この沈黙を重苦しく気づまりなものと感じて、一刻も早くその状態を脱却するために何とかしようと考えるものです。

「何か、話さなきゃ」

「何でもいいからしゃべらなきゃ」

頭のなかを引っかきまわして話題を探して、沈黙を埋めようと躍起になる。でもそういうときに限って〝言わなくてもいいこと〟を口走ってしまい、さらに変な空気になって自己嫌悪に陥る――。こうした苦い経験の持ち主は少なくないと思います。

私は仕事柄、雑誌やテレビの取材などで「会話の途中で沈黙してしまったとき、どう対処したらいいか教えてください」という質問をよく受けるのですが、そういうときはこう答えています。**「無理して沈黙を埋めようとしなくても大丈夫です」**と。

どんなに仲がよくて気の置けない関係でも、すき間なく会話し続けることなどできるはずがありません。いいんですよ、沈黙ができたって。

話をするという行為は、どんなに親しい人相手でも、どんなに打ち解けた関係の相手でも、それ相応にパワーを要するもの。ふらりと訪れた沈黙は、楽しい会話を続けるために必要な、ホッとひと息入れる〝インターバルタイム〟だと思えばいいんです。

長い階段の〝踊り場〟のようなもの。階段を上ってきて、踊り場でちょっと休んで、どちらかが自然に次の話題を見つけたら、また階段を上り始めればいい。しばらく休んでいたっていいし、そこで解散したって一向にかまいません。

5人も10人も集まっている場での10秒の沈黙はそこそこ重たいけれど、2人や3

人の少人数でいるときの数十秒の沈黙なんて、傍から見ればたいしたことはありません。

「沈黙は悪いもの」という思い込みを捨ててしまいましょう。むしろ、沈黙は会話に必要なものだと思うのです。

沈黙が怖くて「何か話さなきゃ」という強迫観念で間断なくしゃべり続けてしまうと、会話そのものにメリハリがなくなってしまいます。この話題が終わったら、すぐ次の話題。それが終わったらまたすぐ次——。こんな会話ではお互いが落ち着かず、息切れしてしまうでしょう。

そうならないために、**会話には沈黙という〝息継ぎ〟も必要**なのです。沈黙を挟むほうが、これまでの話題と次の話題とが明確に区別され、会話にメリハリがついてかえって話が盛り上がるものです。

沈黙という〝話さない時間〟をお互いがリラックスして共有する。黙っている時間も含めてコミュニケーションなのです。

困った２

会話がいつのまにか「悪口大会」に

悪口には同調せず、「言っている人の気持ちを案ずる」スタンスで

会話は盛り上がるに越したことはないのですが、盛り上がっている会話のすべてがポジティブで気持ちのいい話題、というわけではありません。なかにはネガティブな話題で盛り上がってしまうことも十分にあり得ます。

そうしたネガティブ・テーマの筆頭といえば、やはり「悪口」「陰口」の類でしょう。人のうわさ話や悪口は〝蜜の味〟と言うように、時代を問わず、その場にいない人をターゲットにした悪口大会は盛り上がるもの。しかし、それは決して後味のいいものではありません。

私は性格的に、そういうゴシップ系の悪口やネガティブなうわさ話が大嫌い。もし会話のさなかに話題が悪口に傾き始めたら、「そういうの、やめません？」「運気

が下がるから、そういう話はしないことにしてるんです」とストレートに言ってしまいます。

でも、後の人間関係などを考えたら、正面切って「やめよう」と言えない状況もあるでしょう。そのメンバーによっては、「優等生ぶって」「いい人ぶって」などと、逆に悪口の的になってしまうことだってあるかもしれません。

そんなとき、どう対処したらいいのでしょうか。

何よりも大事なのは**「悪口に同調も賛同もしない」**ということです。例えば、

「○○さんって、なんかドンくさくてイラつくよな」

「○△部長は、上にペコペコ、下には威張り散らしてる最低な上司だよ」

こんな悪口になったとき、流れに押されてついうなずいたり、「そうだよね」「わかるわかる」などと同調してしまうと、自分自身も悪口を言ったのと同じになって

しまいます。
そうしたときは、同調も賛同もせず、悪口を言った人を頭から否定したり糾弾したりもせず、「軽く受け流す」のがいちばんの得策です。

「○○さんって、なんかドンくさくてイラつくよな」
「へえ、そうなの？　だったら大変だね」

「○△部長は、上にペコペコ、下には威張り散らしてる最低な上司だよ」
「お、今日はかなり頭に来てるみたいだな」

悪口に同調するのではなく、悪口を言っている人の気持ちを案ずる言葉を返すのです。「私はそうは思わないけれど、あなたはそう思ってしまうんだから大変だね」というスタンスで応対することをおすすめします。

悪口を言ってくる人の多くは、悪口を言い合うことで仲間意識を感じたいという傾向が強いように思います。要するに、悪口仲間を探しているということ。同調せずにあいまいに受け流してばかりだと〝仲間〟にはならないため、「その場から浮く」かもしれません。そのうち、悪口大会に誘われなくなるでしょう。でも、そうなったら、そのほうがいいじゃないですか。

困った3

その話、もう何度も聞きました

何度も繰り返される同じ話は、先回りしてさりげなく釘を刺す

何度も何度も同じ話をしてくる人、みなさんの周りにはいませんか。同じ自慢話、同じ武勇伝、同じおもしろエピソード（たいていおもしろくない）を何度も繰り返す。話の展開も結果も知っているからおもしろくないし、同じ話を何度も聞かされるのは思った以上にイラついてストレスになるものです。

とくにご高齢の方に多いのですが、さすがに「その話、何度も聞きました」とストレートに指摘するのも気が引けてしまいます。

何度も繰り返し話したくなるのは、話し手にとっては非常に印象的な出来事だからかもしれません。だからといってそれを何度も聞かされなければいけない理由もないのですが、そこで「もう聞きました」とバッサリ切り捨ててしまっては、相手もガックリきてしまうでしょう。こういうときこそ話し手の気持ちを気遣いつつ、うまく切り抜けるのが大人の会話というものです。

そんなときは、「少しだけ先回りして、話の内容をすでに知っていることをさりげなくアピールする」という対応がおすすめです。


「去年、ウチの近所でテレビドラマのロケがあってさ――」

「そうなんだ。あれ、確かそのとき、女優の○○を間近で見たって言ってませんでした？」

「友人にベンチャーで大成功したヤツがいて、今、『いっしょにやらないか』って誘われてるんだ」

「そういえば、この前『俺はいいけど、カミさんが不安がってる』って悩んでたよな」

「ああ、あのときの話ですね」「前に言ってた○○のことですよね」というニュアンスで、さりげなく話の先回りをして、オチの部分を確認するように質問する。そうすれば、相手に「その話は前にも聞いていて、どうなったか知ってますよ」ということをソノトにアピールでき、もう一度聞かなければならなかった話も大幅にショートカットできるでしょう。

ただ、鼻持ちならないほどの自慢話や大河ドラマばりの長話、誰かの悪口や陰口などネガティブな話でなければ、**2回目までは知らないふりをして「初めて聞いた**

話」として聞いてあげるのがいちばん無難でしょう。２回なら、本当に話したことを忘れているだけということも十分にあり得ます。

それを超えて３回、４回と何度も同じ話になり、ストレスが感じられ始めたら、そのときは今申し上げたような「先回り」で対応すればいいでしょう。

「何度も話したくなるほど嬉しかったんだな。それならまあ、いいか」――最初はそのくらい心の余裕を持って聞くことが、もっとも大人の対応と言えるのかもしれません。

困った４

大人数で気持ちよく会話をするには

孤立した「ひとりぼっち」をつくらない気配りを

２人でする会話は、お互いが「話し手」と「聞き手」の役割を交代しながら進んでいきます。２人しかいないのですから、両者は必ずどちらかの役割を担って会話に参加することになります。

でもこれが３人以上集まって交わす会話になると、いろいろと状況が変わってきます。そこで起こり得るのが、話し手にも聞き手にもなれず、役割を持たないまま会話に入れない人が出てくるというケースです。

そうした状況で求められるのは、会話に参加している人ひとりひとりが、誰かを孤立させない気配りをするということです。

最小単位の３人のケースで考えてみましょう。２人でのキャッチボールでは必ずお互いにボールが回りますが、３人でのキャッチボールでは、３人が意識して平等に投げる相手を切り替えないと、ひとりだけ全然ボールが来ない人ができてしまいます。

会話に置き換えると、３人が「話す」と「聞く」を適度に交代し合っているときはいいのですが、ひとたびバランスが崩れると、「話す」と「聞く」に加えて、「その2人を傍観する」という立場が生まれてしまうんですね。
例えば、Aさん、Bさん、Cさんの3人が話していて、ふとしたことからAさんとBさんはゴルフが趣味、Cさんはゴルフをしないことがわかったとしましょう。
A「Bさんは最近、コースには出ているんですか？」
B「いやあ、行きたいのは山々だけど、週末の出勤が多くてね」
C「――」
A「私もたまに打ちっぱなしに行く程度。下手になっちゃっただろうな」
B「もう身体が覚えてるから、すぐ思い出すでしょ」
C「――」
A「だといいんですけど――。今度、いっしょに回りませんか」
B「いいですね。じゃあ、LINE交換しときましょうか」

話題を共有できるAさんとBさんで盛り上がり、Cさんだけが「傍観者」になって置いてけぼりになっています。すでにこの会話のバランスは崩れかけていると言えるでしょう。

瞬間的にこうした状態になることはよくあります。ただ、このバランスのまま延々と会話が続いていくと、Cさんを孤立させてしまいます。

AさんやBさんに悪気がないことはわかります。ただ、このとき「この会話にはもうひとり、ゴルフをしない人がいる」ことに意識を回せるかどうか。それが「孤立させない気配り」ができるかどうかになるのです。

ある程度2人でやりとりしたら、AさんかBさんどちらかが、

「Cさんはゴルフ、始めないんですか」

「何か他のスポーツやってるんですか」

と、Ｃさんに話題を投げかければいいのです。すると、例えば

Ｃ「やらないけど観るのは好きで、テレビではしょっちゅう観戦してますよ」
Ａ「先週の○△オープン、観ました？　いい試合でしたよね」
Ｂ「ですよね。まさか、プレーオフになるとは思わなかった」
Ｃ「テニスを少々。でも、この歳になると、なかなか上達はしませんね」
Ａ「そうですか。今、大坂なおみ選手がすごいですよね」
Ｃ「ええ、試合の中継、全部観ちゃいましたよ」
Ｂ「これで、テニス人口がまた増えそうですよね」

と、Ｃさんも参加することができて、会話のバランスが修正されていきます。
気配りと言っても難しいことはありません。会話のバランスの偏りに注意するこ

と。偏りに気づいたらすぐに修正すること。つまり、「ひとりぼっち」をつくらないこと。「ひとりぼっち」を放っておかないことです。

ここではたまたま3人のケースを例に挙げましたが、4人、5人と会話の人数が増えていっても同じことです。

大勢で盛り上がっているときこそ気配り目配りをして、「蚊帳の外」の人をつくらない配慮をする。2人だろうと、3人だろうと、もっと大勢だろうと、気持ちよく会話をするために必要なのはやはり、人としてのやさしさと思いやりなのですね。

会話のバランスをいち早く察知して話に入れずに蚊帳の外にいる人に話を向ける。こうした目配りは、お酒の席での〝ある行為〟に通じるものがあるように思います。

そのある行為とは何か。

グラスが空いている人がいたら、「まあ、一杯」とお酒を注ぐ——お酌です。

やれお酒の強要だ、女性蔑視だ、パワハラだと、何かと否定的に見られがちな日本のお酌文化ですが、本来のお酌には、こうした周囲への気配り、目配りを欠かさないという日本人のよき伝統とメンタリティが込められていると思うのです。

例えば、立食パーティなどで周囲の話に入れず、ぽつねんと立ち尽くしている人に、「○○さん。グラス空いてるじゃないですか」とお酒を注ぎながら声をかけることで、孤立状態から救い出すことだってできます。**お酒を注ぐこと以上に、話に入る糸口をもたらすのがお酌の役割でもある**のです。

テーブルで会話から外れてしまったお客さまがいらっしゃったときは、すかさず「お酒、おつくりしましょうか」――私たちはそう心がけています。たとえまだグラスが空いていなくても声をかけます。そうすることが、そのお客さまを会話の流れに呼び戻すキッカケになるからです。

もちろんセクハラもパワハラも許されませんが、孤立しそうな人への気遣いという意味での「本来のお酌」の心得には、社会人として学ぶべきものがあると思うのです。

困った5

人の名前をど忘れした

小細工して下手にごまかすより、謝罪とともに聞き直すほうが得策

名前はその人にとって特別なもので、人は名前を呼ばれると「認められた」と感じて気分がよくなることはすでに申し上げました。

ただ、その名前がどうしても思い出せない、街でばったり会って「久しぶり」と声をかけられても、その人の名前が出てこない。親し気に話しかけられて仕方なく、名前がわからないまま探りながら、あいまいな会話でごまかして冷や汗をかいた――こうした経験は誰にでもあると思います。

『クラブ由美』のお客さまにも、目の前の商談相手の名前が出てこなくて難儀した、部下の名前を間違えてがっかりされたといったエピソードをお持ちの方が少なくありません。

私は仕事柄、名前を覚えることがおもてなしのひとつとの思いで、かつては3000人のお客さまのお顔とお名前、1500件余りの電話番号を記憶していました。今も名前を忘れてまったく出てこないということはないのですが、それでも一瞬「あれ？」となることはたまにあります。

名前が出てこないと、もう会話どころではなくなってしまいます。焦れば焦るほど記憶の扉は固く閉ざされてしまうもの。皮肉なことに、何とかやり過ごしてホッと安堵した途端、「あ、△△企画の○○さんだった！」と思い出しても後の祭り——。

名前は、呼んでもらえると嬉しいけれど、逆に忘れられていることで受けるショックも大きいもの。名前を覚えてもらえないのは、「自分に興味がない」のだろうと思われ、相手を傷つけてしまいます。

それでも出てこなくなるのが「ど忘れ」。こうした事態に遭遇したときには、どう対処するのがいいのでしょうか。

やはり、「どちらさまでしたっけ？」と聞くのは相手に失礼になるからと、思い出せないままごまかしてやり過ごす人が多いと思います。でも、何かの拍子に「忘れたまま話を合わせている」ことがバレてしまったときの気まずさを考えたら、やはりごまかすのは得策ではないでしょう。

ひとつの作戦として、もう一度名刺をもらうという方法はあります。このとき、ただもらうのではなく「交換」するほうがいいでしょう。

「新しい名刺をお渡ししていなかったので、改めて交換させていただいてもよろしいですか？」

こちらから渡すついでに名刺をいただく。そうすれば「名刺をなくした」と言うより失礼にならず、スムーズに名刺をいただいて名前を確認できるでしょう。渡す名刺は新しくなくてもかまいません。「じゃあ、すでにお渡ししていたんですね、うっかりしてました」でクリアできます。

ただ、相手が名刺を持っていないと言われたら、この方法は通用しません。

そう考えると、策を弄して聞き出そうとするより、正直に「大変失礼ですが、お名前を失念してしまいました。どちらさまでしょうか？」と聞き直してしまったほうが格段に潔いと言えます。

そうしたときにはどうしても「五十を過ぎると物忘れが増えてしまって――」「お酒の飲みすぎで――」などと軽いエクスキューズを入れたくなるもの。でも、それが許されるキャラクターの人ならともかく、多くの場合は苦しい言い訳にしかなりません。

忘れていることをごまかすことは、謝罪して素直に聞き直すことよりもはるかに失礼です。聞くなら、きちんと詫びて聞き直す。下手に取り繕うよりも、このほうがダメージは小さくて済むでしょう。

困った6

やたらプライバシーを詮索される

「あなたは？」と同じ内容を聞き返して詮索の芽を摘む

だれにでも、できることならあまり話をしたくない、顔を合わせたくないという人がいるものです。やたらと個人的なことを聞いてくる、人のプライバシーに土足で踏み込んでくる。よく言えば好奇心旺盛、悪く言えば〝はた迷惑な個人探偵〟のような「詮索好き」もそうしたタイプのひとつでしょう。とくに奥さん同士、ママ友同士のお付き合いなどでよくある光景かもしれませんね。

貯金はいくらあるのか。ローンは月々いくらくらいなのか。
子どもはどの学校を受験するのか。
あなたはどこの学校を出たのか。実家は何をやっているのか。

旦那さまの出身大学はどこか。どこに勤めていて役職は何か。
ボーナスはいくら出たのか——。

うんざりしてしまいますよね。誰にだって答えたくないことはあります。「親しきなかにも礼儀あり」という言葉を教えてあげたくなるようなしつこい詮索屋さんは、傍からどれだけ「無遠慮な人」「面倒くさい人」と思われても、当人にはまったく自覚がないことも多いもの。

私などはストレートな性格ゆえに、こんな状況に遭遇しても「お答えする必要がありますか？」と切り返せると思われがちですが、いえいえ、なかなかそうもいきません。

こういうタイプは、こちらが露骨にイヤな顔をしたり無下に拒絶すると、根も葉もないうわさ話を広めたりする可能性もあります。ですからできるだけ穏便に、うまくかわしたいものです。

こうしたときに試してほしいのが「and, you?」の切り返しです。

「and, you?」とは訳すと「で、あなたは？」という意味。考えるふりやあいまいな相づちのあとで、同じ質問を相手にそのまま投げ返すのです。

「お宅は年収、どのくらいあるの？」

「え、どうだったかなぁ。で、お宅は？」


「ご主人、どちらの大学を出られたの？」

「ええ、まあその辺の……。で、お宅のご主人はどちらでしたっけ？」


「あなたのご実家は何をやっているの」

「うちはまあ、たいしたことありませんが……。で、お宅のご実家は？」

もし相手が「ウチは○○大学」「実家は農家」などと答えてきたら、答えてもいいような質問には答えてあげればいい。でも、年収やローンなど絶対に答えたくないときは、「どうだったかな。でも大変ですよ」と、具体的なことを明かさないで切り抜けましょう。

万が一、「ウチは年収２０００万円で――」などと自慢げに言われたら、「そうなの！　セレブねぇ」とあからさまに驚き、「ウチなんかとてもとても」と下手に出ながら退散すれば、それ以上は突っ込んでこないでしょう。相手は自慢したいだけなんですから。

基本的には、**こちらが答えたくない質問は、相手だって同じように答えたくないはず**。返す刀で同じ質問を投げ返して相手の出ばなをくじいてしまえば、苦笑いで解散、となる可能性が高いと思いますよ。

困った7

無礼講ってどこまで砕けていい？

「無礼講＝無礼ＯＫ」ではない。礼儀を守りつつ肩の力を抜いて

「今夜は無礼講だ！」——要するに、「役職とか立場の違いを抜きにして楽しもう」という意味で、会社内の宴会や飲み会、上司と部下との〝飲みニケーション〟のときに使われます。

ひょっとしたら最近はあまり聞く機会のない言葉かもしれません。若い方には「意味を知らない」という人もいるでしょう。ただビジネスパーソンならば、上司や目上の人とお酒の席を共にする機会は少なくないでしょう。そんなとき、「今日は上司部下関係なく、楽しく飲もう」「堅苦しいことなしで飲もう」と言われることはよくあると思います。

それがまさに無礼講なのですが、問題なのは「今日は無礼講だ」と言われたとき、

どの程度まで〝無礼〟でいいのか、です。

無礼講と言われて、ベロベロに酔っぱらった新人が上司にタメ口をきき、しまいには頭をひっぱたいて大事になった――コントのようなシチュエーションですが、実際に似たような騒動はあちこちで起きています。

勘違いしてはいけません。本来の無礼講とは、「役職や上下関係を気にしてなかなか会話をする機会がなかった者同士が、楽しくお酒を飲んで、お互いにコミュニケーションを取り合いましょう」というもの。どんな無礼でも許されるわけではありません。決して「礼儀・礼節などなくていい」という意味ではないのです。

学生気分が抜けなくて、つい「そうなんっすよ」といった若者言葉が口をついてしまい、あわてて「す、すみません」となったときに、上司が「いい、いい、今日は無礼講なんだから」といったことはあるでしょう。でも、最初から「今日は若者言葉で話してもいい」ということではないのですね。

考えてもみてください。

役職や立場の垣根を取り払ってみんなで楽しく飲もうという飲み会で、誰かが不愉快な気持ちになるような無礼な態度をとることが許されるでしょうか。**誰も「酒の席のことだから」などと許してはくれません。**無礼講で無礼を働く、実は、これこそが本末転倒なのです。

無礼講という言葉は、「無礼な講」ではなく「無な礼講」という意味なのだそうです。日本古来のご神事では、神様に捧げたお酒を、身分の上の人から順に授かる「礼講」という儀式があったといいます。そして上下関係重視の格式ばった「礼講」の後には、身分を気にしないでお酒を楽しむ〝二次会〟的な宴席の場が催されました。これが「礼講ではない宴会」という意味で無礼講になったのだとか（諸説あり）。

そもそも無礼講という言葉自体が、「無礼でいい」のではなく、「格式張らなくていい」という意味なのですね。

お酒は楽しく飲むことが何にも勝る大前提。私のお店でも「無礼講」の雰囲気になることはありますが、勘違いした無礼な振る舞いは当然、御法度です（みなさまジェントルマンばかりなので、まずそんなことはないのですが）。

社会人としてのマナーを守って、その上で、肩ひじ張らない会話とほどよいお酒を楽しむ。それが真の飲みニケーションなのです。

この世の中、**無礼が許される場など存在しません。**無礼講を勘違いして、ただの「無礼者」にならないように、くれぐれもお気をつけください。

困った8

自分だけ話題についていけない

話に笑顔で反応しながら、聞き役、盛り立て役に徹する

大人数の会話では「孤立させない」「ひとりぼっちをつくらない」のがマナーだと申し上げました。しかしそうは言っても、ある程度、話題に偏りはできてしまうもの。

みんなで話していて、自分がよくわからない話や自分に共通点のない話題になって話に加われなくなってしまうこともあるかと思います。

つまり「ひとりぼっち」の側に立たされるケースも少なくないということです。そうした状況に陥ると、身の置き場がなく手持ち無沙汰で、孤独を感じてしまいますよね。かと言って、すぐに席を立つのもはばかられる。そうしたときはどうすればいいでしょうか。

お店の女の子たちにもそうした悩みはあるようです。とくに新人の子が先輩といっしょに常連さんのテーブルについたときです。

お客さま方と先輩の子は話が盛り上がるけれど、新人の子は共通の話題もなく話に入りにくいという状況が生まれがちなんですね。

そんなときは「まず、話している人の顔を見て自分なりに反応しなさい」とアドバイスするようにしています。「話に入れない」と嘆いて身を引いてしまうのではなく、自分もその会話の一員なのだという姿勢をキープすることが大事なのです。

みなさんも日常生活のなかで、同じような状況に直面することがあると思います。

初めて訪問する取引先で、同行した上司と先方担当者は顔見知り。２人で話が盛り上がって自分は蚊帳の外、とか。

同僚とカフェに入ったらその同僚の友人とばったり。３人でお茶をしたけれど、同僚と友人だけ会話が弾んで自分は孤立、とか。

「なんだかつまらないな」「わからない話するなよ」といったネガティブな気持ちが膨らんでくると、自分では意識しなくても顔や態度に表れてしまうもの。

でも、そういうときは無理して自分が話題のセンターに飛び込んでいかなくてもＯＫ。自分以外の人たちの話に、「うん、うん」とうなずいたり、「へぇ」「そうなんですか」と相づちを打ったりして、サイドから盛り上げるように参加しましょう。

また、全体の会話の流れを止めない程度に、「お二人はいつごろからのつき合いなんですか」とか、「仕事の枠を超えた友人関係っていいですね」くらいのコメントを挟みながら、その楽しい雰囲気を壊さないように、**笑顔で〝裏方役〟に回って**

あげるのです。

たかだか数十分のあいだです。こういうときもあると割り切って〝スーパーサブ〟に徹し、「みなさんの楽しい会話を見守ります」――このくらいの潔さをみせるのが、大人の粋な対応というものです。

そうこうしているうちに、もし盛り上がっている側が〝粋な大人〟であれば、自分たちだけで話してひとりを置いてけぼりにしていることに気づくはず。「僕らだけで話していてごめん」「わからない話でしたね、すみません」と言ってくれるはずです。

万が一、こちらを無視していつまでも自分たちだけで話し込んでいるようなら、「悪い、用事があるから」と適当に理由をつけて立ち去ってかまいません。そんな無粋な人たちに、いつまでもつき合う道理などありませんから。

困った9

止まらない長電話に辟易

切らざるを得ない状況を演出してひと芝居うつ

最近はSNSやメールでのやりとりが主流になって、電話で直接話す機会が減ってきているようです。それでも、文字だけではなかなか伝えきれないのが人の気持ちというもの。実際に相手の声が聞こえるリアルタイムな〝生の会話〟である電話が、いまも重要なコミュニケーション手段であることに変わりはありません。

しかし、リアルタイムのやりとりだからこそ、困ってしまう状況にもなり得るわけで。

その代表的なケースが、延々と続く一方的な長電話です。世の中にはおしゃべり好きがいるもので、うかつに電話に出ると、1～2時間は解放してくれないような強者も。

楽しい話ならまだいいのですが、そうした長電話は、「自分の話」もしくは「愚痴や悪口」と相場が決まっています。「ねえ、聞いてよ——」から始まって、話すのは相手ばかり。こちらはといえば「へえ」「そうなの」「大変だね」「そういうこともあるよね」という相づちを返すだけ。

その間、自分がしていたことはすべて中断され、ほかのことは何もできず、ようやく解放されたときにはグッタリ疲弊して、「貴重な時間を返して」と文句のひとつも言いたくなる——。一方的な長電話は、前触れなしに、遠隔的に、否応なしに、相手の時間を強奪するという甚大なマナー違反であることに気づいてほしいものです。

とりあえず出て「しまった」と思ったとき、できるだけ相手にイヤな思いをさせず、角を立てずに電話を切るには、何と言えばいいでしょうか。

前述したように、面と向かってのリアルな会話ならば、時計をチラ見しながら「そろそろ」のサインを出すといった方法も通用しますが、声だけの電話ではそれも難しい。

かといって「忙しいから後にして、ガチャン」と突き放して、後の人間関係に支障をきたすのも本意ではない。さあ、どうしましょう。

一方的で意味のない電話を切り上げるには、「ひと芝居うつ」に尽きます。王道フレーズは、

「携帯の充電がもう切れちゃう」

「申し訳ない、今、電車のなかだから」

「ごめん、宅配便が来たみたい」

「ああ、鍋が吹きこぼれてる」

「キャッチが入っちゃった」

「しまった、もう出掛けなきゃ」

といった感じでしょうか。

話を聞いてあげたいけれど、やむを得ない状況になったというシチュエーションを演出して、「話の途中でごめん。じゃあまた」と終わらせるんです。

これなら、こちらから話の途中で半ば強引に電話を切っても、相手は「仕方ない」と思ってくれるはず。声しか聞こえない電話だからこそ使える方法と言えるでしょう。


この人の電話は「長くなりそう」と出る前からわかっている場合は、最初に、

「今、5分くらいしか話せないけど大丈夫？」

「あと5分でお客さんが来るんだけど、それまでなら」

と、**タイムリミットを具体的な数字で先に提示しておく**のもいいですね。まあ、それで話を手短にまとめてくれるような人は、一方的な長電話などしないとは思いますが、後の〝切らざるを得ない状況演出〟の前フリにはなりますから。

ただ、毎回のように一方的な長電話で、延々と愚痴を言い募る人は、相手を「都合のいい愚痴のはけ口」と思っている節があります。「この人なら話を聞いてくれる」と勝手に決めつけて、こちらの都合などお構いなしに自分が話したいときにかけてくるのです。

仏の顔も何とやらといいます。あまりにも度が過ぎて埒《らち》が明かない場合は、ある程度〝角が立つ〟のもやむを得ません。「明日早いから」「ごめん疲れているから」と正面から断るのも致し方ないかもしれません。

電話は便利ですが、相手の状況に関係なくつながってしまうという意味で、マナーや気遣いが不可欠なツールです。こちらが掛け手になったときには、「今、お話ししても大丈夫ですか？」のひと言を忘れず、相手の時間を拘束しているという意識を常に持っていたいものですね。

困った10

ネガティブな話ばかりで気が滅入る

親身になりすぎず、「そんなことないよ」と淡々と受け流す

「ウチなんか――」
「私はダメ――」
「どうせ私は――」

口を開けばいつもこんな感じで、こちらの言うことにもいちいちネガティブな切り返しをしてくる。会話していると、こちらのエネルギーを吸い取られてしまう。運気まで下がってしまいそう。

決して悪い人ではないけれど、場の空気が一気に重くなるネガティブ話は勘弁してほしい――そんな人がいます。

楽しい話題、明るい話題、前向きな話題に対して、冷水を浴びせるがごとくネガティブ発言ばかりされると興ざめしてしまいますよね。

さらに困ってしまうのは、人間の心の状態は伝染するということ。人間は共感する生き物。いつも楽し気で前向きな人といるとこちらも元気になる、イライラしている人がいると周囲もイラついた空気になる、という経験をお持ちの方もいるかと思います。

その逆で、何事に対しても「どうせ」「私なんか」と考える人と長くいっしょにいると、こちらまで、どこかしらものごとに対してネガティブな発想をするようになってしまうものなのです。

実はそうしたネガティブ発言ばかりする人は、それがもう〝口ぐせ〟になってしまっているケースが多いように思います。どんなポジティブ発言をインプットしても、必ずネガティブ発言でアウトプットしてくる、脳にそうした思考回路が出来上がっているのではないでしょうか。

脳に染みついたその回路を修正するのは、なかなか容易ではないでしょう。ならば周囲が無理に「もっとポジティブになれ」などと考え方を変えさせようとせず、「そういう人」と**割り切って受け流しておく**のがもっとも無難、かつ大人の対応だと言えます。

「どうせ」「私なんか」「いくら〜したって」という発言が出たら、そのたびに

「そんなことないよ」
「大丈夫だよ」

とひと言慰めてあげて、あとは淡々と話を進めましょう。相手のネガティブ発言のたびに親身になって、じっくり話を聞いてあげる必要はありません。

過度に叱咤激励しても、逆に「こんなに励まされるほどにダメな私——」と、ネガティブモードがアップしてしまう恐れがあります。

「どうせ」の口ぐせには、「そんなことないよ」の一点張りで淡々と対応する。否定はしても親身にはならない。冷たいようでも、それが気持ちのいい会話をするためであり、ネガティブ系が口ぐせのその人のためでもあると思います。

困った11

「それ、セクハラです」を回避したい

隣に自分の妻や娘が〝いるつもり〟で話題を選ぶ

人事異動でまだ若い女性社員が部下になったけれど、仕事以外のことでの会話にいつも悩んでいる――ある企業でチームリーダーをされているお客さまがこんなお話をされたことがあります。実は最近、こうした悩みをお持ちのお客さまが増えているんですね。

少しでも油断しようものなら、すぐに「それ、セクハラです」「Me, too」と言わ

れてしまう。そんな世の中になったことで、女性の部下との雑談に二の足を踏んでしまうと。

「直接ボディタッチする」「いやらしい言葉を言う」「性を意識させる話題を振る」といった意識的な「ザ・セクハラ」は、一刻も早く撲滅されるべき行為だと、もちろん思います。

問題は「その気はまったくないのにセクハラになる」というケースでしょう。世の男性たちは、毎日のように気を揉んでいるに違いありません。

いちばん難しいとされているのがセクハラの定義です。いろいろな考え方があるのですが、実際のところ、「女性がセクハラだと思えば、それはセクハラ」――これが世の中のセクハラの基準になっているから、話はややこしくなります。

同じことを言ってもセクハラになる人とならない人がいる。好みの男に言われたら嬉しいけれど、嫌いな男から言われたら、即セクハラ。こんな女性心理の不条理さが、男性を悩ませているのですね。

仕事の話しかしないのがもっとも無難なのでしょうが、そうはいかないのが現実。ならば何か軽い雑談でもしようと思うけれど、自分は「即、セクハラ派」か「ある程度許される派」かがわからない。さあ、いったいどう話しかければいいのでしょうか。

相手が「アウト」と思うかが基準ならば、相手の「セーフ」のラインを見極めることが何よりも重要になります。

まず、相手の個人的なカテゴリーに該当する話題、プライバシーに立ち入る話題は、完全にアウト。彼氏のこと、結婚のこと、さらには家族のことなどは、相手から話を振ってこない限り、こちらからはしないに限ります。

また、容姿についての話題はたとえほめたとしても危険度合いが高いでしょう。もしほめるのなら、**本人の容姿ではなく持ち物のセンスをほめるのが得策**。「今日もかわいいね」は危険ですが、「そのバッグ、いいデザインだね」ならセーフになる可能性はグンと上がるということです。でも、言っていいのはそこまで。「誰かのプレゼント？」「今日はデート？」と余計なひと言を付け加えた途端、即アウトになってしまいます。

女性が男心をわからないように、女性の、しかも多分に不条理さを含んだアウト、セーフの線引きは、男性には難しいもの。ならば、自分なりの〝ものさし〟を持つのもひとつの手です。そのものさしとは「自分の妻や娘」です。

もし自分の妻や娘が会社の男性上司からこの話題を振られたらどう思うか。もし隣に妻や娘がいたとしたら、女性にこの話をすることができるか。それを想像してみるのです。これは意外に、その気はないセクハラを事前に予防できる〝セーフティロック〟になるかもしれません。

息苦しい世の中になったと嘆くだけではなく、自分なりに接し方を考え、気を配る。それが結局は、同性、異性は関係なく相手のことを思いやるコミュニケーションにつながっていくのです。

おわりに

流れるように巧みな話術で、誰もが興味を引きそうなことを話しているのに、なぜか心に響かない。頭に入ってこない。そんな会話があります。一方で、大した内容でもない他愛のない話にもかかわらず、ついつい引き込まれて、身を乗り出して聞きたくなる会話もあります。

なぜこんなことが起きるのか。それはその人の「心の向き」が違うからです。

心が自分に向いている人の、自分が話したい、自分が伝えたい、話すことで自分が満足したいという「自分本位」の話は、どんな美辞麗句が並ぼうと、相手の耳には届いても、心にまではなかなか届きません。

逆に、心が相手に向いていて、相手に喜んでほしい、楽しんでほしい、元気づけたいという「相手本位」でなされる会話は、たとえ言葉や表現はつたなくても、心の奥深くまで届くものです。

そう、会話とは言葉を介した「心」のコミュニケーションなのです。言葉遣いや話題選びといった「会話のテクニック」も大事ではありますが、それだけを身につけたところで、そこに心が伴わなければ、その会話は決して弾みません。

心のこもらない上辺《うわべ》だけの「ありがとう」では感謝の気持ちは伝わりませんが、逆に「ありがとう」という言葉はなくても、会話の端々から感謝の気持ちがひしひしと伝わってくることもあります。

だから話を聞くときは、相手の言葉だけでなく、言葉に込められた「心」にまで思いを至らせる。自分が話すときは、言葉にちゃんと心を込める。相手の心中を察し、相手の心に寄り添いながら、同じ時間を楽しく共有する。

こちらがその姿勢で向き合えば、相手だってこちらの心に寄り添った言葉をかけてくれるはずです。そうしてお互いの心と心が通じ合う。それが本当の意味での「気持ちのいい会話」なのです。

つまるところ、会話とは相手への気遣いと思いやりがすべて——。そして、そのことを忘れない姿勢が、「真の会話力」の土台になるのではないでしょうか。
どうか、会話に対する苦手意識やコンプレックスを振り払い、相手への思いを言葉に込めて「心のキャッチボール」にチャレンジしていただきたいと思います。そのために、本書に綴ったヒントが少しでもお役に立つのなら、それに勝る喜びはありません。

本書を上梓するに際して、『クラブ由美』のお客さまをはじめ多くの方々に多大なるお力添えをいただきました。この場を借りて厚く御礼申し上げます。

2019年4月

『クラブ由美』オーナーママ　伊藤由美

銀座のママが教えてくれる
「会話上手」になれる本

著者 伊藤由美
2019年4月25日 初版発行

伊藤由美（いとう・ゆみ）
銀座「クラブ由美」オーナーママ。東京生まれの名古屋育ち。18歳で単身上京。1983年4月、23歳でオーナーママとして「クラブ由美」を開店。以来、〝銀座の超一流クラブ〟として政治家や財界人など名だたるVIPたちからの絶大な支持を得て現在に至る。本業の傍ら、公益財団法人動物環境・福祉協会Evaの理事として動物愛護活動を続ける。著書に『銀座の矜持』『スイスイ出世する人、デキるのに不遇な人』『できる大人は、男も女も断り上手』、共著に『記憶力を磨いて、認知症を遠ざける方法』（いずれも小社刊）がある。
HP http://yumi-ito.com/
ブログ http://ameblo.jp/ginzayumimama/

発行者 佐藤俊彦
発行所 株式会社ワニ・プラス
〒150-8482
東京都渋谷区恵比寿4-4-9 えびす大黒ビル7F
電話 03-5449-2171（編集）
発売元 株式会社ワニブックス
〒150-8482
東京都渋谷区恵比寿4-4-9 えびす大黒ビル
電話 03-5449-2711（代表）
装丁 橘田浩志（アティック）
柏原宗績
編集協力 柳沢敬法
DTP 平林弘子
印刷・製本所 大日本印刷株式会社

ISBN 978-4-8470-6148-6
ワニブックスHP https://www.wani.co.jp